天の新しいエルサレムの山

Book Domain LLC
3543 E Louise Dr
Phoenix AZ 85050

注文情報：
数量販売。企業、協会、その他による大量購入には特別割引があります。詳細については、上記の住所の出版社にお問い合わせください。

アメリカ合衆国で印刷。

ISBN-13：
　　　ペーパーバック　　　　　978-1-972696-18-7
　　　電子書籍　　　　　　　　978-1-972696-17-0

天の新しいエルサレムの山

ドン・モスバーグ

BOOK DOMAIN LLC
Publish to Perfection

目次

そして彼は私を霊に連れて行き、大きくて高
い山に立たせ、神から天より下ってくる、そ
の大いなる都、聖なるエルサレムを私に見せ
た。

ヨハネの黙示録 21:10

長い考えの末、私はこの本を一卵性双生児の兄、ロナルド・C・モズボーに捧げます。私たちは生まれる前の9か月間、子宮で共に過ごし、特別な絆を共有していました。私たちの誕生は家族を驚かせました。心拍が同じだったため、医師は最初、ロンを後産だと考えたほどです。私たちは1944年2月25日に生まれました。その頃は医師が家庭訪問をし、小さな黒いかばんに必要なものをすべて入れて持ってきていました。

第1章

家族の歴史

ヨハネの黙示録から、私たちは最後の7年間の期間、すなわち大患難の時代、人類史上最悪の時期について読みます。多くの学者は、主がこの時期には三つの目的を持っていると信じています。1) イスラエル、神に永遠に選ばれ、永遠に愛される民に対処し、彼らが拒んだイエス・キリストを救いの知識に導くこと。2) 終末の復興によって数百万人の人々が救われること。3) 神は、自分を憎み、イエス・キリストを主および救い主として拒んだ者たちにご自身の怒りを注がれることです。神の怒りの中でも、これらの不信仰者は神をののしり、悔い改めることを拒み続けます。イスラエルについては、神は最後の三年半の間、彼らをヨルダンのペトラに送ることによって残された者たちを救います。私は、ロンや皆さんがここから携挙され、ノアの洪水やソドム・ゴモラの時のようにイエスが7年間の怒りを下す前に天の"新しいエルサレム"へ連れて行かれることを願っています。このより良い未来への希望が、私を励まし、楽観的にさせてくれます。

　私たちは貧しい家族でしたが、神を第一に、家族を第二に、国を第三に置くように育ちました。私たちは5人の兄弟でした。ロンと私は、年上の兄からのお下がりの服を着ていました。新しい服や靴をもらえるのは、学校の始まり、クリスマス、誕生日の時だけでした。12歳を過ぎると、自分の服や靴は自分で買わなければなりませんでした。私たちは庭の芝を刈ったり、落ち葉を集めたり、干し草を積んだり、雪かきをしたり、ボトルを売ったりしました。ロンと私は、ゲームでも人生でも常に競争心が強いです。私たちは8年生のときにチェスを始め、今でもプレイしており、永遠に続くことを望んでいます。ちなみに、私は半分の確率で勝ちました。高校卒業後は軍に入ることが期待されていました。兄のビルは陸軍に、ボブは空軍に、ポールは海軍に入りました。

　17歳のとき、ロナルドと私は1962年にジョプリン海軍予備隊に入隊しました。高校のジュニアとシニアの間のことです。私たちはシニアの年に月30ドルを稼いでいました。

　ロナルドと私は、それぞれの施設に通うために4つの大学からスポーツ奨学金を受け取りました。

　カンザス州ピッツバーグ、ミズーリ大学、アーカンソー大学、そしてジョプリン・ジュニア・カレッジ。ジョプリン・ジュニア・カレッジは授業料、宿泊費、食事、書籍に対して全額奨学金をくれました。私たちはフットボール、バスケットボール、陸上競技の奨学金も受け取りました。

　ストックボーイとして、私はミズーリ州ノエルの小さなIGA店で土曜日に働きました。私は棚に商品を補充し、小さなおばあさんたちのために食料品を運びました。彼女たちは通常、チップとして10セントをくれました。高校最後の年に、私は1952年製のシボレーを50ドルで購入しました。ガソリンは1ガロン25セントでした。

　大学での2年間の後、私たちは2年半の現役任務に就きました。私たちはカリフォルニア州のオークランド海軍病院に送られました。ロンはフリート提督チェスター・W・ニミッツの主任衛生士でした。ニミッツ提督は第二次世界大戦中の太平洋艦隊の最高司令官でした。彼は真珠湾の惨事の後、勝利に導きました。彼が亡くなったとき、ロンと私はベトナムへの命令を受けました。サリバン法（第二次世界大戦中にUSSジュノーで5人の兄弟が戦死）により、兄弟は一緒に勤務することができませんでした。飛行機は沖縄に着陸し、私の名前が呼ばれて飛行機を降りるよう指示されました。

　私は沖縄のジャングルにある「対ゲリラ戦学校」に配属され、そこで医療兵（EMT）

として勤務し、ベトナムでの応急処置と生存術の戦闘訓練のインストラクターを務めました。ベトナムで見るようなベトナム村を設営するのを手伝いました。

　　ベトナムに向かう海兵隊員は、この1週間の訓練に参加しなければなりませんでした。クラスごとに約200人の海兵隊員がいました。私たちは異なる訓練演習を担当する5人のインストラクターがいました。

　　私は一卵性双生児の話を追加したいと思います。

　　授業をしている最中に、突然左前腕に鋭い痛みを感じ、すぐにロンに何か起こったのだと思いました。その晩、彼に手紙を書き、2週間後に彼から手紙を受け取りました。

　　彼はその時怪我をしたと書いていました。我々の部隊は圧倒され、一部の海兵隊員たちは北ベトナム軍と白兵戦をしていました。彼が左前腕に手榴弾の破片を受けたとき、彼は自分が殺されると思ったそうです。この戦いは、彼のベトナムでの全期間の間、心の奥底に残っていました。このパトロールの半分は戦死(KIA)または戦傷(WIA)していました。我々は1500マイル離れていましたが、私は彼の痛みを感じました。長年にわたって起こった奇妙な出来事については、本を書けるでしょう。

　　ロンはその日に戦闘中で2枚目のパープルハートを受け取りました。ベトナムにいた13か月の間に、彼はシルバースター、ブロンズスター、そして2枚のパープルハートを受けました。先に進む前に、これを見てみましょう：軍で受け取ることができる最高の勲章は名誉勲章で、その次に海軍十字章、シルバースター、ブロンズスター、そしてパープルハートがあります！ロンはこれらの三番目、四番目、五番目の栄誉を受けたのです！それは非常に印象的です！私は彼をとても誇りに思います。彼は本当に戦争の英雄です！

　　我々は海軍と海兵隊で31年間勤務した後、多くの思い出があります。ロンが忘れたいと思っているものもありますが、PTSDやエージェント・オレンジ、ベトナムでのトラウマに苦しんでいるため、彼は忘れることができません。少し軽い話ですが、私たちはアメリカ海軍で唯一の同一双子で、E-9のマスター・チーフ・コースマンでした。31年間勤務した後、予備役に入隊した同じ海軍予備役センターで退役しました。　ロンはブロンドの女性と結婚し、私の妻は濃い黒髪でした。ご理解の通り、私たちは両方とも妻に対して不貞を働いたと非難されました。私たちは両方とも二人の娘がいて、大学の学位を取得し、ミズーリ州の公立学校で教えたりコーチをしたりしました。私は28年勤務した後、退職しました。

　　現在のところ、ロンはベトナムでの時間について3冊の本を書いています：「マリーン倒れる、コープスマン立つ」「私のベトナム物語」「フラッシュバック」です。私は「蛇の毒」という本を書きました。ロンは戦争について話し、私は平和について話します。

　　COVID-19以降、妻、娘、そして多くの昔の友人たちを失いました。ほとんどの人は新しいエルサレムについて何も知りません。これが人々が知るべき「良いニュース」です。妻と娘はここに住んでいます。なぜなら、彼女たちは自分の罪を悔い改め、イエスを心に招くことを選んだからです。近いうちに(ラプチャー)、私の家族、母、父、兄弟たちが、あの素晴らしい日に再び集まるでしょう！

　　私はこの本『新しいエルサレム』を書きました。この本は、ヨハネの黙示録21章に描かれている天国のこの楽園を人々が理解できるようにするためのものです。

　私は誰もがこのテーマについて学べるようにしたいと考えています。神は自分の罪を悔い改め、心に神を迎え入れる人々に最高のものを用意しておられます。そうすれば、その人の名前は天の新しいエルサレムにある「子羊の命の書」に加えられるのです。

　そこに行けるのは悔い改めだけです。なぜなら、イエスはすべての働きをすでに成し遂げてくださったからです！ここでは、救われた愛する人々と共に永遠に生きることができます。もしこの素晴らしい場所について知りたいなら、この本を読む必要があります。

　私の信仰とは、イエス・キリストへの「信仰」によって「聞き」「信じる」ものです。私たちが神の言葉を聞き信じるとき、救われます。私たちを救うのは神の恵みであり、私たちの行いによるものではありません。私たちはイエスが私たちのためにその誕生、死、復活でしてくださったことを信頼しなければなりません。これが福音と呼ばれるものです。私たちの福音はすべての私たちの罪を洗い流します。救いは私たちのいかなる行いによるのではなく、神の恵みによるのです！聖書は、ある人がキリストを受け入れると、天全体が喜び、永遠の命の約束がその人に与えられることを教えています。ルカ15:7、詩篇96:11、イザヤ44:23。

　私たちが最後の息を吐くとき、私たちは永遠の住まいとして天国か地獄のどちらかに行きます。

　聖書は天国についてよりも地獄について多く語っています。それは神が私たちを永遠に天国で共にいてほしいと望んでいるからです。

　小さい頃、私は家族の車で過ごした楽しい瞬間を覚えています。それはクロスリー（魅力的なマイクロカー）でした。元気な男の子五人と、母と父も一緒で、まるでサーカスの陽気な一座のようでした。車に乗る時間はいつも、『主よ、私を覚えていてください』や『私たち全員が天国に行くその日』などの霊歌の美しい旋律で満たされていました。

これらの歌は、大切な思い出のように、今も私の心に響いています。私たちは幸せな家族であり、主と祖国への愛は幼いころから私たちに植え付けられていました。

この本は、栄光の地である天国の私たちの家、『新しいエルサレム』とも呼ばれる場所について書かれています。黙示録21章に記されている通り、この天上の住まいは、神である父、子（イエス）、聖霊の住居です。聖書はこの巨大な構造の内部空間についてはほとんど触れていません。ここでは、透明な金の通り、12の真珠の門、「小羊の命の書」、「命の木」（毎月異なる果実を実らせる）、そして命の川だけが述べられています。私たちの小さな心では、神が私たちに愛することを準備してくださったものを理解することは到底できません。

これは、アダムとエバ以来、自分の罪を悔い改めて唯一の真の神に従うことを選んだ人々の究極の目的地です。そして、西暦30年に、信者たちは自分の罪のためにイエス・キリストに悔い改め、聖霊を心に迎え入れました。彼らは残りの人生を通じて日々の救い主としてイエス・キリストに従いました。これが私たち全員がしなければならない選択です。

人生とは、地獄の冥界でサタンと共に永遠を過ごすか、天の新しいエルサレムでイエスと共に過ごすことです。これが神の至聖所です。

アダムからアブラハムまでが二千年、アブラハムから地上のイエス・キリストまでが二千年、そして私たちは現在さらに二千年にいます―見上げなさい、携挙は近いのです！

　　　私たちは旧約聖書と新約聖書の中で携挙について読むことができるということに気づいていますか？

　　　私たちが七千年の創造を理解するとき、私たちは千年の期間に近づきます。六日間の創造は紀元前4004年に起こりました。

　　　この本には、私が過去50年間聖書を研究してきた中でのいくつかの推測が含まれています。読んで楽しんでいただければ幸いです。

　　　私たちは「新しいエルサレム」を天国とは呼びません。天国は私たちの銀河の星々の上にあります。ここが神が新しいエルサレムを築いた場所です。その建物のすべては天国から来たものです。また、ここで神はすべての天使たちを創造しました。新しいエルサレムが高さ1,500マイル、幅1,500マイルもあることを想像してみてください。ここはまた、父なる神、子なるイエス、そして聖霊が住む場所でもあります。私たちは、いつの日かここが私たちの家になることを知っています。この楽園について、お話ししたいわくわくすることがたくさんあります。いつか私たちも天国を見ることができるのかどうか、考えてみます。興味深いことに、神が地上で創造したすべてのものが天国にも存在しています。

　　　聖書を読んだり、人生の苦悩を目の当たりにしたりして、光の前には常に闇があるということを学びました。イエスは光です！

　　　この本を書くにあたり、私は考えよりも多くの疑問を抱いていました。「悔い改めて招く」という言葉をあちこちで見つけるでしょう。もしイエスを持っていなければ、この新しいエルサレムで永遠を持つことはありません。どうかこれを覚えておいてください：イエスは二度目のチャンスを与える神です。彼はまた、苦難の時期にイスラエルにも二度目のチャンスを与えます。彼は、私たち人間が理解できないその恵みによって私たちを許します。

　　この章をこの情報で締めくくりたいと思います。先に述べたように、私は軍で31年間（現役6年、海軍予備役25年）勤務し、最高司令官（アメリカ大統領およびイエス・キリスト）を敬ってきました。朝日が差し始めると、私はたいてい家の東側の窓に向かい、朝の祈りを捧げます。祈りの終わりには、直立して敬礼し、イエス・キリスト（私の真の最高司令官）に向かって『勤務に就きます、閣下！』と言い、その後、頭を下げて『アーメン』と言います。同じことをする他の軍人も知っています。私はイエスに相応しい敬意を表したいのです。

第2章

イエスは宇宙よりも大きい

見よ、同じイエス。彼のただ一言が荒れ狂う海に平穏をもたらし、穏やかな水の上を歩かせる。これは彼の神性と主権の深い表れであり、奇跡であり、私たちすべてにとっての霊感と慰めの源である。

　　　創世記 1:1 - 「初めに、神は天と地を創造された。」
詩篇 33:6 - 「主の言葉によって天は造られ、その軍勢は口の呼吸によって造られた。」彼が言われたとき、それは成し遂げられた。彼が命じたとき、それは堅く立った。主は天から見守り（新しいエルサレム？）人の子らすべてを見渡される。見よ、主の目は主を恐れる者、主の慈しみに希望を置く者の上にある。彼らの魂を死から救い、飢饉にあっても生かすためである。我らの魂は主を待ち望む。主は我らの助け、盾である。
　　　これを考えてみてください：地球の直径はわずか7,900マイルで、円周は24,900マイルです。
　　　1990年、NASAはハッブル望遠鏡を320マイル宇宙に送ったのです。その広大さを想像してみてください。それは神の創造の壮大さを思い知らされ、私たちを畏敬の念で満たします。
　　　重さは24,500ポンドで、宇宙を研究するために使用されています。ここに、ハッブル望遠鏡が明らかにしたいくつかのことがあります。
　　　私たちは広大で偉大な神に仕えています！　24,500ポンドの重さを持つハッブル望遠鏡は、これを物語っています。ハッブル望遠鏡は、私たちが天の川銀河という銀河に住んでいることを明らかにしました。この銀河は渦巻銀河で、私たちの太陽を含む数千億の星を含んでいます。この天の川銀河は直径10万光年以上に及び、私たちの太陽系はその周りを約2億4千万年で回っています。この銀河は地球に対して垂直に配置されており、ハッブル望遠鏡は3,100万光年離れたところからそれを見ることができます。この渦巻銀河の中心、つまりこの銀河渦の核には巨大なブラックホールがあり、ここでは十字架の写真を見ることができます。これはイエスがどこにでもおられることを示しており、心強い考えです！　専門家間の推定値は異なりますが、天にある「銀河」の概ねの数は約1,500億とされています。

　　創世記1章3節の第一日目に、神は言われました。「光あれ。」そして、それは現れました！　神の言葉は「太陽」という巨大な星と月を生み出しました。私たちの太陽は、水素とヘリウムでできた熱く輝く球であり、私たちの太陽系の中心に位置し、地球から約9300万マイル（1億5000万キロメートル）離れています。それは太陽系で唯一の星であり、神の言葉の力を示す証です。

　　太陽のエネルギーがなければ、私たちの住む惑星で我々が知る生命は存在できません。神が語ると、光は秒速18万6000マイルで地球に届き、私たちが生きるために必要な命のエネルギーを提供します。

　　太陽の表面温度は約1万華氏（5600摂氏）です。

　　太陽の表面から内部の灼熱の中心に向かって温度は上昇し、中心部では約27,000,000華氏度（15,000,000摂氏度）に達します。太陽を満たすには地球が100万個必要です。もし地球がゴルフボールの大きさであれば、太陽の直径は約15フィートになります。

　　他の銀河の星々は、本質的には「太陽」と同じ意味で、私たちの太陽のように大きく輝くガスの球体であり、核融合を通じて光と熱を生産しています。そしてその多くは惑星を周回させている可能性が高く、太陽系の中心の星となります。重要なのは、「太陽」という言葉が私たちの太陽の専用名ではなく、私たちの太陽のような星を指すということです。聖書の詩篇147:4には神が「星の数を数え、すべてに名前をつけられる」と書かれています。

　　創造週の4日目において、創世記1章16節は「神はまた星々を造られた」と述べています。これは、地球のこの再創造の週の前に星々はすでに存在していたことを意味します。私は聖書が、聖書の系図に従って私たちの太陽と月、アダムとイブなどが紀元前4004年に創造されたと教えていると信じています。私は、再創造の前の世界の光は神の光であったと信じていました。それは創造週の4日目までの間、イエスの光でした。その後、神は私たちの現在の太陽と月を創造されました。これが私が知恵を求めて祈るときに起こることです。

　光年とは、光が1年間に進む速さのことです。彼らの言う5.88兆マイルは光年です。これは、太陽の光が地球に到達するのに8分かかることを意味します。

　詩篇 8:3 - 「私はあなたの指のわざである天、月や星々を見上げるときに思い巡らします。」

　私たちの銀河で二番目に明るい星は「ベテルギウス」と呼ばれています。それは42万光年離れており、私たちの太陽の2倍の大きさです。

　その内部を満たすには地球が262兆個必要です。私たちの銀河で三番目に重要な星は「VY　カニス・マジョリス」です。

　この星の内部には700京個の地球が入ります。もし地球がゴルフボールの大きさであれば、テキサス州全体が深さ22インチのゴルフボールで満たされることになります。

　ですから、ご覧の通り、私たちの"太陽"はビー玉の大きさであり、他の星々は野球のボール、ソフトボール、バスケットボール、さらにはビーチボールの大きさです。

　神は私たちの地球、太陽、月を正確な大きさで造り、私たちが生命を維持できるように宇宙の同じ位置に置かれました。

　もし光の速度で100万秒移動すると、それは12日かかります。10億秒移動すると50年かかります。では、1兆秒前に遡りましょう。今度は紀元前29,700年になります。では、1京秒の場合はどうでしょうか？ それは3,080万年前になります。

　　聖書は、神が宇宙を神の数学の法則によって支配するように創造(そして組織)したと教えています。彼が創造した宇宙は混沌としてもなく、「ビッグバン」神話のような「偶然」によって生み出されたものでもありません。

　　すべての銀河に太陽があるわけではありませんが、多くの太陽系には複数の太陽があります。

　　私たちは、天に何十億もの星を吹き出した同じ神によって、神のかたちに造られました。神は太陽を完璧な空間に置いた。地球に近づけば燃え尽き、遠くに行けば凍りつく。なんと神に仕えているのでしょう！

　　ヨハネの福音書 6:35 - イエスは言われました。「私は命のパンです。私のところに来る者は決して飢えることがなく、私を信じる者は決して渇くことがありません。」イエスが私たちの人生にいなければ、私たちはおしまいです！

　　私はこの本を書くにあたり、知恵を求めて祈ります（ヤコブの手紙 1:5）。まず、私は神の国（新しいエルサレム）を求め、心をイエスに向けます。

　　私たちの神は嘘をつくことができません。聖書の中で、神は「新生クリスチャン」をために再びお戻りになり、天の新しいエルサレムに私たちを迎え入れる、と私たちに告げてくださいました。これが私たちの永遠の新しい住まいとなります。

　　ルカによる福音書 12:32-34 キングジェームズ版： "恐れるな、小さな群れよ。あなたがたの父は、あなたがたに王国を与えることを喜んでおられる。あなたが持っているものを売り、施しをしなさい。腐らない金の財布を用意しなさい。天に宝を積みなさい。それは決して失われず、盗人も近づかず、虫も破壊しない。神はすべての『生まれ変わったクリスチャン』をその小さな群れと呼ばれる。（携挙）現在、世界には約80億人がいる。

　　アメリカの教会の約75％が教会の携挙を信じていないと推定されていることをご存じですか？これは、彼らが携挙に参加できないという意味ではありませんが、『義の冠』を受けないことを意味します。これは私たちの永遠のための特別な祝福です。新しいエルサレムで特定の基盤の上で生きることができるでしょうか？

　　これはノアの洪水で溺れた約十億人の人々を思い出させますが、箱舟に救われたのはわずか八人、あるいはロトと彼の二人の娘だけが救われ、雹と火の雨で約百万人が殺されたということです。

　　「多くの人が召されても、選ばれる者は少ない。」マタイによる福音書 22:14

　　エペソ人への手紙 1:4〜5 において、使徒パウロはこう書いています；　神は愛のゆえに、御心の良き計らいに従い、イエス・キリストを通して私たちを御子として養子にすることをあらかじめ定めてくださいました。神は私たちを愛ゆえに御家庭に迎え入れることを選ばれました。これはガラテヤ人への手紙 4:6〜7、ローマ人への手紙 8:14〜17、そしてヨハネによる福音書 1:12 にも見られます。

第3章

新しいエルサレムの建設

その建物は、究極の構造・土木技術者である主によって建てられました。私はステップピラミッドの構造を思い浮かべるので、新しいエルサレムの大きさや重さは、今日の土木技師の選択ではないと思います。土木技師は高層ビルや道路・橋などのプロジェクトを設計・建設します。構造工学は土木工学の下位分野であり、建物の安定性や強度を設計・解析することを専門としています。構造技師は、建物が強風や地震に耐えられるように技術を用いるため、高層ビルの安全性にとって非常に重要です。

　しかし、この構造物は私たちの「全知全能」の神によって創造され、建てられました！神が内部と外部の両方でその設計者です。これは神の天の御住まいであることを忘れてはなりません。

　まず、地面の基礎が作られ、平らに敷かれ、最も硬い石、おそらくダイヤモンドの物質で水平にされました。次に、その上に最初に建てられた構造物は赤い透明なジャスパー石で、1,500マイル四方です。壁の厚さは72ヤードで、高さは125マイルです。最初の真珠の門はこの下のレベルに建てられ、地面の基礎は玄関のような役割を果たしました。

おそらく、このジャスパー石の上には、再びその強度と荷重を支える能力のために選ばれた透明なダイヤモンドの基礎岩が置かれたでしょう。各壁の基礎は丹念に計画され、小さな基礎が段階ピラミッド、真珠の門、そしてその王国を囲む玄関を作り出しました。この過程は12の基礎それぞれに繰り返されました。使用されるこれら12の宝石は「異方性（アニソトロピック）」と呼ばれます。これらは美しい色合いに変化することができ、すべて透明です。

聖書に記されている他の石は「等方性」と呼ばれ、ダイヤモンド、ガーネット、ルビーなどがあります。これらは見ると暗い色をしているように見えますが、新しいエルサレムの内部で見つかります。

基盤の12の貴重な宝石は、おそらく高位ユダヤの大祭司の胸当てにあるものと同じです（出エジプト記28:17-21）。

神はこれら12の基盤を通して輝く光であり、それらは神の栄光を反映します！

私は、神がこの12番目の基盤に住まわれると確信しています。私たちが地上のエルサレムで見るように、真珠の門はその東側にあるかもしれません。

「生命の川」は御座の間から流れ、王国全体に神の秩序を確立します。エゼキエル書1:26〜28によれば、神の御座の周りには虹があります。虹を作るには、霧と神の光が必要です。

これらのページは、ほとんどの人にとって不可能で馬鹿げているように見えるでしょう。しかし、神と共にあれば、ダイヤモンド、金、あるいはあらゆる宝石の世界を創造することができます。私はただ、常識にとらわれずに考えようとしているだけです。

　神が遍在し、全知であり、全能であることを覚えておくことは非常に重要です。御力の中で、神は、新しいエルサレムを望む場所に動かし、星、惑星、地球、太陽、月と同様に宇宙にとどめることができます。これは、神の神聖な力の証です。四角の大きさがどれであれ、すべての基礎は神の完全で永遠の家となります。この本では、新しいエルサレムの建設についてさらに多くを述べています。

　世界地図上で、「エルサレム」は中央に位置しています。聖書には811回言及されています。興味深いことに、天の新しいエルサレムは宇宙の王国であり、地上のエルサレムは世界の首都です。両方の場所は永遠に父なる神、子なるイエス、聖霊のもので属します。エルサレムがなければ、イスラエルは魂を失ったものです。

第4章

時間旅行と次元

私は1970年から聖書の予言を研究しており、まずハル・リンゼイの『遅すぎた偉大な地球』という本を読むことから始めました。そのとき、教会の携挙が七年間の大患難の期間の前に起こることを知りました。私たちは今、これが起こる非常に近い時期にいます。

J. バートン・ペインの『聖書予言百科事典』には、旧約聖書に1239の予言、新約聖書に578の予言が記載されており、合計で1,817になります。これらのほとんどはすでに100％の正確さで成就しています！ 確率の法則は驚異的です。

KJVのエレミヤ書1:4-5にはこう書かれています。「主の言葉が私に臨み、言われた、『わたしがあなたを胎内に形作る前に、あなたを知っていた。あなたが生まれる前にあなたを聖別し、諸国民の預言者として私があなたを定めた』」

神は遍在であり、同時にどこにでも存在します。神は鍵を持ち、門番です！

私は、神には12の次元があると信じています。聖書における数字の12は、統治の完全さや支配を意味します。

　また、それは神がユダヤ人のために選んだ神秘的な数字でもあります。天にある新しいエルサレムを研究すると、この王国全体やユダヤ人の12部族にわたって12という数字が見られます。

　私の12次元に関する考えの一部は次の通りです：12次元は天国かもしれません（神は第7天に住んでおり、新しいエルサレムもここに建てられた可能性があります）。この次元はまた永遠をも包含します。

　他の次元は銀河系と出会うかもしれません。

　第4次元は霊界です。

　第3次元は人間の世界です。人間は生きるために心臓、肺、食べ物、そして水が必要です。

　第2次元は冥界かもしれません。第1次元は火の湖、地獄の最も低い部分かもしれません。

第5章

創造を愛する神を崇拝する

私たちは、地球の創造よりずっと前から存在していた同じ父、子、聖霊を崇拝します！ 彼らは全知であり、遍在し、全能です！ 私たちはイエスのかたちに造られました。彼らは「三位一体」、すなわち三位一体です。

　　神は創造することを愛しています。わずか六日間の創造の間に彼が成し遂げたことを見てください。春、夏、秋、冬のそれぞれの季節での景色の変化を思い浮かべると、その美しさに驚かされます。自然を見ていると息をのむ光景です。ここでは、花、鳥、魚、地平線に沈む夕日など、さまざまな色を目にすることができます。このリストだけで図書館一館分にもなりそうです。

　　私が言いたいのは、神はこれをわずか六日で成し遂げたということです。イエスがこの世を肉体的に離れてからすでに二千年が経ち、彼は天の新しいエルサレムにいます。罪を悔い改め、聖霊を心に迎え入れた私たちの小さな心では、神が私たちのために創造したことを理解することはできません。それは本当に目を見開かされる体験となるでしょう！

　6000年前、創造の週の間に、創世記1章24節は神が六日目に家畜、野獣、はうもの、そしてアダムを創造したと述べています。

　神が創造したさまざまな種類の動物に私は驚かされます。神はアダムにすべての動物の名前をつけさせたので、アダムを創世として創造したに違いありません。アダムは動物に名前をつけただけでなく、それぞれの姿も覚えていました。それぞれの動物は種子、草、葉、植物を食べていました。この時、彼らは危険ではなく、おそらくペットのようでした。神は紀元前2350年ごろノアに箱舟を建てさせ、動物と人間を救いました。詩篇148:7,10,13では、すべての自然が主を賛美していることが語られています。神はすずめをも大切にしており、一羽が地に落ちたときでさえ知っておられます（マタイ10:29）。私が鳥のさえずりを聞くとき、私はそれが神を賛美しているのだと信じます。また、イエスが生まれたときに動物と共に生まれたことも興味深いと思います。

　私たちは天国の新しいエルサレムに馬がいることを知っています。これは馬鹿げているように聞こえるかもしれませんが、16年間飼っていた私の二匹のペット犬、マギーとバンビに再会しても驚かないと思います。私たちは永遠に値する絆を持っていました。天国の新しいエルサレムで新しい家のポーチで彼らが私を待っていてくれたら素晴らしいでしょう。面白い話を一つしたいと思います：妻とペットの犬を車のトランクに入れ、わずか10分間放置してからトランクを開けると、どちらがまだ無条件にあなたを愛してくれるでしょうか？　これこそ真実の愛です。ハッ

　犬は人間の最良の友であるという格言は本当です。私は、人間と動物の両方に魂と精神があると信じています。

　もし子供がいたり、ペットを失った子供を知っているなら、ウィリアム・N・ブリトンの『レインボーブリッジ』という本を手に入れてください。それは子供向けのキリスト教の本です。そこでは、動物のペットたちが自分の人間が加わるのを待つ牧草地が描かれており、皆で一緒に天国へと続く橋を渡るという内容です。

　イエスは動物を愛していました。彼はアダムを創造する前に動物を創造しました。私たちは、神が動物よりも人間をより愛していることを知っています。イエスはアダムに、彼の罪のために、エデンの園で自分の罪を覆うために動物の血を犠牲にしなければならなかったことを示しました。これにより、人間は着る服と食べる肉も得ることができました。これは動物の王国における適者生存の始まりでした。十字架上のイエスの血は、人間の罪に対する最終的な犠牲でした。もし私たちが罪を悔い改め、イエスを心に迎え入れるなら、彼は私たちの救いの代価を完全に支払ってくれました。

　私は、教会の携挙と呼ばれるものでイエスが戻ってくるのを待っています。

　私は新しく栄光に満ちた体を受け取り、彼と顔を合わせ、天の新しいエルサレムで母、父、妻、娘、兄弟、孫、祖母、そして「再生したクリスチャン」である友人たちと家族の再会をしたいです。

　彼は地球を、その強力な磁場によって形成されたバブルの中に置き、この磁場は地球から来るほとんどの高エネルギー粒子をそらします。地球は主にその磁気圏によって宇宙から保護されており、磁気圏は地球を取り囲む磁場で、有害な太陽放射や太陽からの荷電粒子をそらします。この防御は彗星、隕石、その他の脅威にも及びます。**神はまた、新エルサレム（地球）の外側に、ここで重力や酸素などの多くの機能を果たす透明なシールドを作るでしょ**

う。それは宇宙にある間も保護されます！ 私は、各真珠の門の前に（**地球**）内にスターゲートが建てられるかもしれないと思いました。神は次元間を移動するために「**スターゲート**」を創造しました。宇宙のすべては丸いことに注意してください。

　　この新しい創造について考えてみてください：アダムとエバから今日まで、新しいエルサレムのすべての聖人もまた教会のラプチャーを待ち望んでいます。イエスは、地上からすべての「<u>生まれ変わったクリスチャン</u>」を呼び上げるとき、彼らを共に連れて行かれます。集まる場所はオリーブ山やエデンの園のはるか上空かもしれません。彼らは墓から、神によって創造されたDNA、遺伝子、染色体と共に新しい栄光ある体を受け取ります。そして、私たちは皆、瞬きの間に第三の天の新しいエルサレムへと取り上げられるでしょう。思考によって移動できるかもしれません。

力は血にある

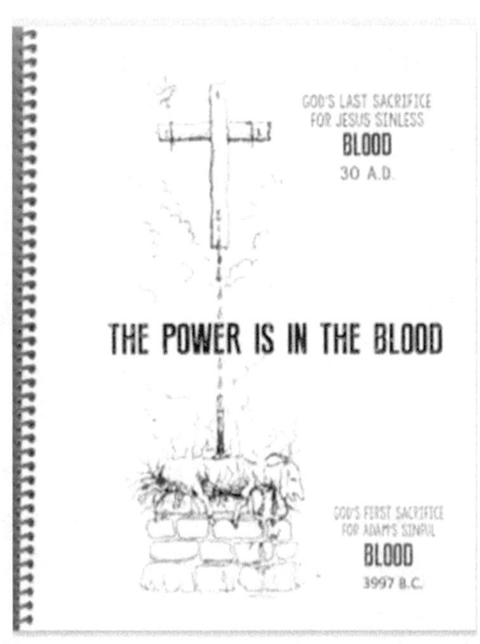

イエスの血なしでは、人間は天の新しいエルサレム、すなわち神の至聖所とみなされる場所に住むことはできません。神の家の中には一つの罪さえも許されません。

　エデンの園でアダムとエバが堕落した後、神はご自身のひとり子に、王としての地位を離れ、「自由意志」を使うことに同意するか尋ねられたかもしれません。そして、その種を聖なる地上の女性マリアに宿し、「イエス」と呼ばれる地上の赤ん坊として生まれ、世界のために犠牲（救い主）となることを許されました。（新たに生まれる）スペースの都合上、次の聖書の箇所をお読みください：ヘブライ人への手紙9:1〜28、出エジプト記25:1〜9、出エジプト記40:1〜33、民数記9:15〜23。

　神はすべての人を全地のすべての国のために、一つの血で造られました。父なるアダムが罪に陥ったとき、この一つの行為が"すべての血"を罪に汚しました。

　唯一の救いは、4,000年間にわたる動物の犠牲であり、それはイエスの完全で罪のない血による犠牲まで続きました。なぜならイエスには人間の父がいなかったからです。

　過去百年で、万人は異なる民族や人々、部族の血液に違いがないことを発見したことに気づいていますか？外見や部族の違いに関わらず、すべての人の血は一種類しかなく、罪あるアダムの血であり、それは私たちの最初の両親から代々私たちに受け継がれています。

　今日の人間の血は、六千年前のアダムの父の血と正確に同じであるが、色、質感、組成においては異なる。アダムのすべての人間に共通するのは、呪いの下にある罪深く滅びゆく種族であるということである。彼らは、同じ国のある人から別の国の人へ血液輸血が可能であることを学んだ。

　1930年代以前でさえ、人々は黒人から白人への輸血が部分的に黒人に変えることがあり、その逆も同様だと信じていました。また、ユダヤ人の血液が他の人を部分的にユダヤ人にすると考えていました。最初に成功した輸血は1914年に行われました。現在では、両親から遺伝する8種類の血液型があることがわかっています：O型陽性（38%）、O型陰性（7%）、A型陽性（34%）、A型陰性（6%）、B型陽性（9%）、B型陰性（2%）、AB型陽性（3%）、AB型陰性（1%）。これらの血液型は、A型、B型、O型とも呼ばれます。例外はなく、したがって、地上のすべての国の人々は神の言葉によれば同じ血を持っています。家族は二つしかありません：人類の家族、父アダムの堕落した家族、またはイエスによって贖われた家族です。

　　イエス・キリストの尊い血のみが、あなたを永遠の死と破滅から救い、あなたを永遠に神の子とすることができ、その尊い血によってあなたを洗い清めました。

　　私たちの救い主である主イエス・キリストの神の超自然的な受胎と処女降誕を通して、彼の血は私たちの血と異なり、アダムの罪の汚れ（汚染され、堕落し、汚れたもの）がなく、神の血であり、罪なく、尊く、腐敗しないものでした。

　　神の超自然的な受胎と、私たちの救い主である主イエス・キリストの処女降誕を通して、御子の血は私たちの血とは異なり、アダムの罪の汚れ（汚染された、堕落した、または汚れた）がなく、神の血であり、罪なく、尊く、腐敗しないものでした。

　　神が唯一提供された治療法を受け入れることを拒む者に対して、神はすでに行ったこと以上のことはできません。神は、罪のために御子を死なせるときに、その知恵と全能を尽くされました。したがって、今はあなたが「<u>自由意志</u>」で主イエス・キリストを受け入れる番です。御血によって洗われ、罪の罪責から救われ、永遠に神の子とされなさい。主イエス・キリストを信じなさい、そうすればあなたは救われます。」<u>使徒の働き 16:31</u>。

　　私たちは呼吸している間に「<u>新たに生まれなければなりません</u>」。これは血との契約です。主は最初の動物の犠牲を殺され、アダムとイブの両方に服を着せ、最後の犠牲を十字架のイエスで終わらせました。

　　私たちは自分の罪を悔い改め、イエスを心に招き入れなければなりません。聖霊は住まいに入られる前にその宮を清め、霊的な輸血を通して永遠の命を私たちに与えてくださいます。これを受け取ると、私たちは別人となり、イエスの血によって救われます！イエスはすべての血を与え、それが水に変わるまで注がれました。血のない人間の命は存在しません。

　私たちは、イエスの血による救いという聖書の教えを誇りとしています。聖書は、表紙から表紙までキリストの血について語っています。イエス・キリスト、ご自身の御子の血は、私たちを全ての罪から清めます。<u>ヨハネの第一の手紙</u> 1:7。

　アダムの体は地の塵から作られました。神の息がその血を生じさせました。そしてこの血が、その体内のすべての細胞の生命となりました。その細胞はその血に依存しており、その血こそが肉体の命なのです。

　血は、体内で固定されていない唯一の組織です。それは主に骨髄で作られます。私たちの体では毎秒300万以上の赤血球と血小板が産生されています。

　興味深いことに、心臓は毎分10パイントの血液を送り出し、運動中は最大で毎分30パイントも送り出します。体内には約6万マイルの動脈、静脈、毛細血管が存在します。

　成人一人あたりの血液量は約10パイントで、その中には酸素を運ぶための赤血球約25兆個と、感染と戦うための白血球約250億個が含まれています。赤血球の寿命は120日ですが、白血球の中にはわずか12時間しか持たないものもあります。血流を運ぶ小さな管である毛細血管の総表面積は、1.5エーカーの畑を覆うことができるほどです。一般人の皮膚面積は約20平方フィートです。

　血を拒否すれば、私たちは霊的に死んでしまいます。そう、血は命であり、命は血です。カルバリーの丘に血の銀行が開設され、その銀行には神の御子、ご自身である主イエス・キリストの血が注がれました。血がなければ命は存在できません。それは私たちの空気のようなものであり、命はそれなしでは存在できません。血と空気は命のために共に働きます。

　毎年、六千万人以上の人々が亡くなっていることに気づいていますか？ 世界の主要な死因は心臓病であり、その次に脳卒中、がん、肺疾患が続きます。私たちの体、心、魂に永遠の癒しを与えることができるのは、偉大なる医者だけです。

　私はこの本を数年前に書きました。

第7章

天にある新しいエルサレムは何歳ですか?

創世記 1:1：「初めに、神は天と地を創造された。」この箇所は二つの異なる主題について述べています。神が地を創造する前に天で何が起こったのでしょうか？ これは何十億年もかかったかもしれません。天に関して時間的枠組みを作ることは不可能です。私はこの期間中に新しいエルサレムが天で建設された可能性があると考えています。「神が地を創造されるずっと前に」。『新しいエルサレム』は神の父、イエス、そして聖霊が住む場所です！ それは星々の上の第三の天にあります。イエスは御自分の子供たち（信者たち）を御自分の美しい家に住むよう招かれています。

　神は世界が創造される前から私たちを選び、愛のうちに御自身の前で聖く、非の打ちどころのない者とされるためです。」エペソ 1:4。神は「すべてにおいて」臨在し、全てを知り、全能です！

　ヨブ記 38:4-11：「私が地の基を据えたとき、あなたはどこにいたのですか。わかるなら教えてください。その尺度を定めたのは誰ですか。もちろんあなたは知っていますよね。それとも、その上に縄を引いたのは誰ですか。その基礎は何に固定されていましたか。あるいは、隅の石を据えたのは誰ですか。日の出の星々（ルシファー）が共に歌い、神のすべての子らが喜び叫んだときに。」

　　地球の年齢は約35億4000万年と推定されており、誤差は約5000万年です。科学者たちは放射年代測定が可能な最古の岩石を地球上で探してきました。最古の既知の化石は、西オーストラリアの始生代の岩石から発見されたシアノバクテリアで、同じ時期にさかのぼります。2024年6月22日、モンタナ・バッドランズでトリケラトプスと呼ばれる新しい恐竜が発見されたと報告されました。研究者たちは、この恐竜が約7800万年前にその地域を歩き回っていたと考えています。

　　地球上で最初の建物構造は、1万年以上前にさかのぼる「階段ピラミッド」であったと推定されています。また、日本の与那国の海底でも約1万5千年前のものとされる建造物が発見されています。これらの情報から、地球はほとんどの人が考えているよりもはるかに古いことがわかります。エルサレムは「平和の都市」を意味します。

　　ペリー・ストーンは、すべての天使を支配していた最初に創造された天使ルシファーについて説教しました。彼は、ルシファーが新しいエルサレムの最初の四つの基礎を天で築く際の助けや、イエスが地球を創造したときにルシファーが喜びのために歌ったことについて言及しました。多くの人々は、ルシファーと多くの天使が、おそらく何十億年もの間、地球上に存在していたと信じています。

　　ペリー・ストーンは、ルシファーが天国の新エルサレムの建設を手伝っていたと信じています。彼は最初の基礎であるジャスパーのサンプルを取り、ブレスレットを作って誇らしげに身に着けたかもしれません。そして、二番目の基礎であるサファイアで、リングを作り、それを誇りを持って身に着けたでしょう。次に、三番目の基礎である恐らくアゴートのブレスレットを身に着け、誇らしげに見せたでしょう。そして、四番目の基礎であるエメラルドでは、別のリングを作ったかもしれません。新エルサレムで働いている間、天国でだけでなく地上でも活動していたと考えられています。彼は地上で最初の「階段ピラミッド」を建設させ、新エルサレムで建設していた階段ピラミッドに似せたと思われます。

　　ルシファーは「暁の子」と呼ばれていました。預言者たちは、彼が神のようになろうとしたと非難し、彼はサタンとして認識されるようになります。神が行うすべてのことにおいて、サタンは自分自身のためにそれを真似しようとします。

　　創世記1章1節では、神が創造するすべてのものは完全であることがわかります！ しかし、今、創世記1章2節を見てみましょう。「地は形なく、空であった。そして暗闇（聖霊が去った）が深淵の表にありました。（水）そして神の霊が水の表を動いていました。」

　　神はルシファーと堕天使たちにもう十分耐え切れず、彼らを天から追い出し、彼らが地を汚染したため、神は最初の世界の洪水を引き起こしました。新しいエルサレムは永遠に続き、最初と同じように美しい姿を保ちます。

　　聖書は、イエスがその無限の愛の中で、『新生クリスチャン』のために天国に壮大な大邸宅を建てていることを私たちに保証しています。

　　覚えておいてください、大邸宅は一人のために建てられるのではなく、多くの人のために建てられます。神が私の家族を一つにまとめたように、神は私たちを再び一つにまとめてくださるかもしれません。この知識は、私たちがより多くの人々にイエスの愛を分かち合うことへの励ましとなるべきです。ある人々には家が小さなコテージのように見えるかもしれません。

　　私は新しいエルサレムの内部を、これまで見た中で最も美しい花々と色彩にあふれた温室のように想像します。香りも心地よく、私たちはイエスを称える美しい音楽を聞くことでしょう。

　　神の家での毎日は冒険のようです。神は私たちを愛してこのようなことをなさったのです！

　　私たちはこれらすべての祝福に値しませんが、神は自分の『自由意志』を使って罪を悔い改め、心に神を招き入れる者にそれを与えるのを愛しておられます。イエスは私たちをニュージェルサレムの家に両手を広げて迎えてくださいます。それは私たちへの愛のためです。ここでは、私たちは決して年を取らず、病気にならず、健康が悪くなったり、悲しんだり、傷ついたり、罪悪感を感じたりすることはありません。ニュージェルサレムにはもはや死ぬことも、腐ることも、朽ちることも、錆びることもありません。私たちはいつも幸せな心を持つでしょう！　私たちは愛する人たちと永遠に一緒にいるのです。

　　これが、イエスが私たちの罪のために犠牲になるために地上に来た理由です。イエスは私たちの"すべて"の罪を赦すために、全ての代価を払いました。私たちはイエスに命も、心も、ハートも、体も、魂も捧げるべきです。私たちは地獄に値しますが、神は"全知全愛"であるため、私たちのために十字架で苦しみました。アダムとエバの時代から、これが常にイエス・キリストの贖いの計画でした。

　　「しかし、書かれている通り、目で見たこともなく、耳で聞いたこともなく、人の心で想像したこともない、神がご自身を愛する者のために用意してくださったものがある。」これは天にある新しいエルサレムのことかもしれません。

　今、なぜ誰も天にある新しいエルサレムの年齢を知らないのかがわかります。こんな家は他にありません！

第8章

新しいエルサレム、天国の壮麗なポーチ

階段ピラミッドを見ると、12の異なる基礎があり、それぞれがより大きな基礎の上に置かれています。

私は、それぞれの基礎には独自の真珠の門があり、門の外側には王国全体を囲むポーチがあると想像します。

私が想像するのは次の通りです：12の透明な基礎の各基底には、神が創造した中で最も硬い岩石であるダイヤモンドの石があります。それもまた透明です。それは聖書によれば基礎の壁の厚さと同じであるため、72ヤードの厚さがあるかもしれません。各基礎はしっかりとした岩盤の上に立たなければなりません。各基底の岩（ダイヤモンドの物質）は、そのポーチとしても役立つことができます。

の壁は高さ125マイル、幅1,500マイルです。再び、この底の基礎は最初の基礎構造よりも大きいです。神と共にあれば、すべてが可能であることを私たちは知っています！『ヨハネの黙示録』21章10節によれば、ヨハネはこの山が天から地に降りてくるのを見ました。それは私たちの

月の大きさほどであるため、イスラエルの上空に空の惑星として現れることも可能です。

　　私たちは神の家の外に出て、ポーチに座るかもしれません。壁が透明なので、神の光がポーチを照らします；ここから、私たちは星、惑星、そして地球を見ることができます。私はまた、それが宇宙にある間、それを保護するために透明な地球儀がそれを取り囲むと信じています。

　　これは、その重力、清浄な空気、そして宇宙での保護や、神のみぞ知る多くの他の目的に役立ちます。

第9章

神の元素周期表

私は、神が最初に天にあらゆるものを創造し、その後地上に、原子番号で整理された化学元素の周期表も含めて創造したと信じています。まず水を見てみましょう。水は水素と酸素から成り立っています。神は地球に淡水を、海には塩水を創造しました。成人の体は約60％が水で、これはおよそ11米ガロンに相当します。生命が生きるためには淡水が必要です！　世界が生き続けるためには、淡水が必要でした。地球上には約3億3,300万立方マイルの水があると推定されています。（神は3という数字を愛しています ― 父、子、聖霊、私たちはこれを三位一体と呼びます）　人間は常に川、小川、池、湧き水、または地下に井戸を掘るなどの水源のそばで生活してきました。ノアの洪水の日の水がすべての山を覆ったことを思い出してください。健康な人間であるためには、1日に約8杯の水を飲むことが推奨されます。人は水なしでは平均3〜5日しか生きられません。水は世界で最も不可欠な元素です。

　ユダヤ人の民がエジプトからの出エジプト後、荒野を四十年間旅した苦難の旅の中で、神の水の神聖な供給は常に確かでした。この奇跡的な水の供給は、まるで川のようであり、神がその民を大切にし、養っていることの証でした。

　『新しいエルサレム』では、聖書は神の玉座の間から「命の川」が流れ、この巨大な王国全体に永遠に流れると告げています！ それはこれまでに見た中で最も純粋で透明な水で、源から飲むことができます。そこに魚がいるかどうか、私は気になります。神によって、すべてのことが可能です！

　よく考えてみると、神は世界中のすべての国に「命の川」を与えてくださいました。残念なことに、中東のユーフラテス川やチグリス川のように、聖書の預言で語られている終わりの時のしるしとして、干上がりつつある川もあります。エレミヤ書50章38節

第10章

新しいエルサレムは
山とも呼ばれます

新しいエルサレムについていくつかのことをお話しします。それについては『ヨハネの黙示録』21章でも読むことができます。これは神による宇宙で最も壮大でカラフルな創造物となるでしょう！ まさにこの世のものとは思えないものです！

　新しいエルサレムの「頂点」は、大きな透明なダイヤモンドかもしれません；それはプリズムを通してさまざまな色を反射します。そう思う理由は、真珠の門の大きさを見てみてください。それは透明な金でできているかもしれません。何であれ、美しいことは間違いありません！

　新しいエルサレムは、「新生クリスチャン」が死んだとき、あるいは天にあげられるときに行く場所です。私はイエスが今日来られることを祈りますが、毎日、より多くの人々がイエスのもとに来るでしょう。神のタイムテーブルに私たちが乗っていることに感謝します。イエスは「全知」です！

　　三角形は、ヨハネがその幻の中で地上に降りてくるのを見た「山」です。　（黙示録12:10）高さ1,500マイル、底辺の幅も1,500マイルです。もし新しいエルサレムがピラミッドの形をしているなら、そのピラミッドの体積は11億2,500万立方マイルになります。これを分かりやすく言うと、天国に10億人の人がいるとしたら、1人あたり1立方マイルのスペースがあることになります。新しいエルサレムには、それぞれ純色の透明な貴石でできた12の基盤があり、新しいエルサレムの中には貴石も存在します。私の描いた絵の色は今日の色のサンプルにすぎません。それぞれの石には多くの色合いがあります。新しいエルサレムでは、私たちが今まで見たことのない色を見るでしょう。花、茂み、木々のさまざまな種類や色、そしてそれらから漂う香りを私たちは想像することもできません。それぞれの色の基盤は高さ125マイルです。その基礎は72ヤードの厚さがあります。

　　もし新しいエルサレムが段階ピラミッドであるなら、各基礎の周りにポーチがあるかもしれません。ポーチに出て、宇宙から見た星や惑星、月、地球など、神の創造を眺めることができたら素晴らしいでしょう。

　　パウロがコリント人への第二の手紙12章で書いているように、「私は、天に引き上げられ、言ってはならないほどの言葉を聞いた人を知っている。」私たちは忘れてはならない、こここそ神が住む場所であることを。万物の創造者である！　私の心は浅いレベルでしか働かない。聖書は、聖書の箇所から何かを加えたり取り除いたりしてはいけないと教えている。

　　神がそれを地上に下ろすとき、私は、太陽や月のように空中に吊るされると信じている。神の光は内側から輝き、空に虹色の宝石を見ているようになるだろう。

　新しいエルサレムは月の大きさほどです。千年王国の間に近地点で地球からそれを見ることを想像できますか？

　私はまた、神が宇宙で守るためにその周りに透明な地球儀を持っているかもしれないと信じています。それは重力も持つでしょう。そうでなければ、すべてが宙に浮いてしまいますし、私たちが呼吸するための酸素も必要です。私たちは素晴らしい神に仕えています！

　あなたは、イエスが復活後に天に昇った後、新しいエルサレムの玉座の間で父と共にいたことに気づいていますか？彼は過去二千年間、魂を救う手助けをするために聖霊を地上に送られました。イエスは再び戻ってきて、自分の罪を悔い改め、イエス（聖霊）を心に迎え入れ、人生の中で第一にしたすべての人々を"呼び上げる"（携挙）でしょう。

　私はこの本の中で繰り返します。なぜなら、教師として、これは重要な事実を教える最良の方法だと学んだからです。

第11章

新しいエルサレムはピラミッド型である

私は、新しいエルサレムの外側を見ることについての〝理論〟をお話しします。私の言葉ではそれにふさわしい価値を完全に伝えることはできませんが、最善を尽くします。ここは神の家であり、〝唯一の真の神〟を信じるすべての正しい人々がアダムの時代以来亡くなった場所です。また、イエスが間もなく来る携挙で私たちを連れて行く場所でもあります。私は「私は太陽よりも輝く栄光の地に場所を持っています」という歌が大好きです。ここは栄光の地です！主の祈りを唱えるとき、私たちは「御国が来ますように（新しいエルサレム）、御心が天に行われるように地にも行われますように」と言います。「御国が来ますように」という響きが好きです。より霊的に聞こえるからです。この場所は「パラダイス」とも呼ばれます。私はこの場所を惑星と呼ぶこともできると心から信じています。

　光が当たらない状態で見ると、ダイヤモンドはただの石に過ぎません。しかし、光がそれを通して輝くと、素晴らしくきらめき、光り輝きます。それは地球上で最も価値のある石です。新しいエルサレムは、逆さにカットされたダイヤモンドがピラミッド型の構造の中にあるのかもしれず、神の光がそれを通して輝くでしょう。

　地質学者は、ダイヤモンドが地球上で形成されるには何百万年もかかると私たちに教えています。私たちの地球は、ほとんどの人が考えているよりもずっと古いのです。

　私は、新しいエルサレムが惑星のように空中に浮かび、透明な球体に包まれていると信じています。人々は地球からその壮麗で色彩に富んだ美しさを見ることができるでしょう。

　『黙示録』21章によれば、この王国は最初の基礎で高さ1,500マイル、幅1,500マイルであるとされています。12種類の異なる基礎があり、それぞれ異なる色の宝石の壁でできています。各壁の高さは125マイルです。それは、ミズーリ州ジョプリンからオクラホマ州タルサまで移動するのと同じくらいの距離です。壁はそれぞれガラスのように透明で、神の光がそこから輝くと、それは「目を見張る」ほど美しいものになるでしょう。

第12章

第12章と第12の基礎

旧約聖書と新約聖書において、"12"は権威、完全性、および統治の完璧さを表しています。数字の"12"は聖書に頻繁に登場し、複数の象徴的意味を持ち、しばしば神の秩序と関連付けられます。たとえば、神はイスラエルの12部族を選び、イエスによって選ばれた12人の弟子は統治と権威を象徴しました。私は1年の12か月（満月）を思い浮かべます。

　新しいエルサレムの最初の基盤は地上レベルにあり、底辺が1500マイル四方で、高さも1500マイルです。それは異なる種類の鉱物を用いた12層に分かれており、それぞれの高さは125マイルです。基盤が積み重なるにつれて小さくなり、段々状のピラミッドになります。私たちはその正方形のサイズについては全く手がかりがありません。

　新エルサレムの東側の第12の土台に主要な真珠の門があるかもしれません。これを神の家の正面玄関と呼びましょう。おそらくここが神の玉座の間である場所です。ここには父なる神、イエス、そして聖霊がいます。ここが、子羊の命の書が保管されている真珠の門かもしれません。

新エルサレムに入るためには、あなたの名前がこの名簿に記されている必要があります。

　　新エルサレムのこの第12の土台は一冊の本のテーマになりうるかもしれませんが、私はほんの少しのことだけ触れるつもりです。ここで、ヨハネの黙示録4章において使徒ヨハネが神のこの玉座の間の中で畏敬の念を抱きながら立ち、地上のものとは異なる光景を目にしたことがわかります。彼は神の玉座を取り囲むエメラルドの虹の輝きを見ました。彼はイエスの玉座を見ました。二十四人の長老たちは、頭に冠をかぶり主を取り囲むように玉座に座っていました。これはおそらく12使徒と12弟子を指しているかもしれません。

　　王座から稲妻と雷が発し、王座の前には燃え盛る七つのたいまつがありました。これは神の七つの霊です。そして、彼は私に、神と子羊の王座の下から流れる、クリスタルのように澄んだ命の水の純粋な川を示しました（ヨハネの黙示録 22:1）。この「命の川」は、神の王国全体に永遠に流れ続けます。それに比べて、私はこの神の王座を、この清い川の中心、まるで人の動脈があらゆる方向に枝分かれして毛細血管を通り、再び人の心臓に戻るような姿として見ます——命の川としてです。

　　私たちはまた、その床が輝く「海」のようで、澄んだ水晶のように輝いていると読みます。使徒ヨハネは、神の御座の下から流れ出る水の川があり、それが天の新しいエルサレムの全地を潤すと描写しています。

　　私が非常に興味深いと感じるのは、地上でも同じことが起こっているのを見ることです：エルサレムの地下には広大な地下水脈があります。イエスが再臨の際にエルサレムに降臨すると、地震が起こり、地面が割れるでしょう。川が噴き出し、その割れ目に沿って流れ、東の世界で最も低い土地である死海に流れ込み、西は地中海へと注ぎ

ます。歴史上初めて、死海に魚が生息することになるでしょう。ゼカリヤ書14:8～9

　天使の階層はここにあります。そこには王座の間と七人の<u>大天使</u>が含まれます：ミカエル、ガブリエル、ラファエル、ウリエル、セラフィエル、ラケル、バラキエル。「大天使」とは指導者を意味します。彼らは人間に対して神の最も重要なメッセージを伝え、堕天使との絶え間ない戦いで神の天使の軍を指揮します。

　ここで、私たちはさらに三つの天使の階層タイプを見つけます：

1.) セラフィム（**セラフィム**）：これは最も高い秩序の天使です。この天使たちは「燃える者たち」と呼ばれています。なぜなら、彼らは神に最も近く、神の光が純粋な光を放っているからです。彼らは絶えず神に歌います。

2.) ケルビム（**ケルビム**）：この言葉は聖書に91回登場します。ケルビムは神を栄光化するために王座の間を飛び回っている四体の存在です。あるケルブはエデンの東の門を守るために送られました。聖書によれば、彼らは四面の生き物の四つ組で、顔はライオン、雄牛、鷲、人間の四つ、全て四枚の翼を持っているとされています。彼らは倒れて子羊（イエス）を礼拝します。彼らはハープや香炉（祈りとして認識される黄金の器）を演奏します。興味深いことに、聖書はルシファーが最初に創造された天使であり、後に任命されたケルブになった可能性があると述べています。

3.) スローンズ（**王座**）：彼らは多くの目を持つ者と呼ばれます。私は彼らを全知の天使と呼びます。彼らには神の決定を実行する義務があります。聖書によれば、彼らは燃える車輪として描かれています。

この第12の基盤は、ここで祈りが聞かれ、応えられる可能性があることも示唆しています。サタンと彼の堕天使たちに対抗する戦争を行うためのペンタゴンのような戦争室があるかもしれません。また、次のような場所もあるかもしれません：ホワイトハウス、最高裁判所、下院、議会、そして国際連合。

ここには天の図書館や、すべてが始めから記録されている記録室もある可能性があります。地上で書かれたキリスト教の書物もこの天の図書館にあるかもしれません。

この図書館には何百万冊もの本があるかもしれません。章の最後には他の本のリストも見ることができます。これらのヘブライ語で書かれた本についてどう思いますか？

ワシントンD.C.のスミソニアンのような博物館や、パリのルーヴルについてはどう思いますか？ この玉座の間はきっと広大でしょう。

聖書によれば、ルシファーは最初に創造された天使であり、おそらく後に油注がれたケルブになった可能性があります。セラフィムは燃える蛇として知られており、ルシファーは園の中で蛇として現れますが、これは一致しません。エゼキエル書28:12〜17。ヘブライ語で蛇は、ささやく、呪文をかける、魅了するという意味です。"ルシファー"という言葉は称号を意味します。ケルブはまた、エデンの東の門を守るために遣わされました。聖書によれば、彼らは生ける生き物の四重奏で、それぞれにライオン、雄牛、鷲、人の四つの顔があり、四つの翼を持っています。彼らは倒れ、子羊（イエス）を礼拝します。彼らは琴や香（香料）で満たされた金の器を演奏し、これは祈りとして識別されます。3.) スローンズ - 彼らは多眼の者と呼ばれています。私は彼らを全知の天使と呼びます。彼らは神の決定を実行する任務を持っています。聖書は、彼らが燃える輪として表されていると伝えています。

　　この第12の基盤はまた、ここが祈りが聞かれ、応えられる場所であることを示唆しています。ペンタゴンのような戦争室があり、サタンとその堕落した天使たちに対して戦いを行うかもしれません。また、次のような場所もあるかもしれません：ホワイトハウス、最高裁判所、国会議事堂、下院、議会、国際連合。

　　ここはまた、天の図書館や、すべてが初めから記録されている記録室がある場所でもあるかもしれません。地上で書かれたキリスト教の書物も、この天の図書館にあるかもしれません。この図書館には数百万冊の本があるかもしれません。ワシントンD.C.のスミソニアン博物館やパリのルーブル美術館のような博物館についてはどう思いますか？ この玉座の間は広大であるに違いありません。

　　最後の審判の際にイエスの前に立つ者のために、これらの書物が開かれるでしょう：律法の書、行為の書、秘密の書、言葉の書、良心の書、そして命の書。あなたのすべての罪が暴かれるでしょう。しかし、もしあなたの名前が命の書に見つかれば、地獄の火の湖に投げ込まれるという裁きを受けるためにイエスの前に立つことはありません。これは人の第二の死です。

　　過去二千年間、サタンがイエスと誰かの命（例えばヨブ）について論争し、彼らが永遠にどこで裁かれるかを決めるような多くの事例がありました。これらの裁判は、天にある新しいエルサレムの第12の基礎において裁かれた可能性があります。私は、元々の「最高裁判所」もここに存在する可能性があると信じています。

第13章

神と共に、すべての
ことは可能である

使徒ヨハネは、ほぼ二千年前に天から地に降りてくる「新しいエルサレム」の幻を見ました。私たちの自然な心はこれを不可能だと考えますが、神にとっては「すべてのことが可能」です。ヨハネの黙示録21章を読んで、この場所がどれほど巨大かを見てください。神は、この新しいエルサレムを、ルシファーのような天使たちの助けを借りて建てさせたように見えます。彼が天と地から堕ちる前のことです。これは興味深いことです。なぜなら、神は通常、物事が起こること、そしてそれが完成することを望むからです！三位一体はここに住んでいます：父、子（イエス）、そして聖霊。三位一体は「全在、全知、全能」です！これらの事実について本を書くのは簡単でしょう！

　世界はその座に座り、教会の携挙を熱心に待ち望んでいます――その時、神は御子イエスに「行ってあなたの花嫁を迎え、家に連れて来なさい」と言われます（新しいエルサレム）。神が創造した無数の銀河の中で、このユニ

ークな場所の一部となるよう選ばれた者たちの心を満たす
であろう興奮、希望、喜びを想像できますか？

　イエスは、自分の罪を悔い改め、心にイエスを招き入れる人々とこの素晴らしい場所を分かち合いたがっています。私たちは十字架上での御子の尊い血によって救われます！その血は私たちの罪を雪のように白くします；いつの日か、私たちは罪なくイエスの御前に直に立つことができるでしょう。

　私はイエスのためのリクルーターであるため、この本を書くことにインスピレーションを受けました。私はイエスを通じた悔い改めと救いのメッセージに深い共感を感じ、この良い知らせを他の人々と共有したいと思いました。この本が皆さんを引き込み、私と一緒に信仰の旅に参加するように励ますことを願っています。

　私は1960年代に育ったことが大好きでした。もしその時に目を覚まして今日の世界にいたら、圧倒されるでしょう。もし今日知っている終末の日々についてその時に知っていたなら、それは大患難時に起こるだろうと思ったでしょう。

　私は携挙がすでに起こったのかどうか疑問に思います。時々、私はまるでストーブの上の鍋の中にいるカエルのように感じ、水が沸騰し始めるような気がします。

　この本は、罪を悔い改め、イエスを心に迎え入れ、「新たに生まれたクリスチャン（**生まれ変わったクリスチャン**）」となる人々のために、イエスに場所があることを明らかにしています。

　たに生まれたクリスチャンとして、私はイエスを信じています。彼はこの暗い時代に私たち皆が求める光です。神の子は二千年前に世界に来られ、完全に人間となり、私たちが自らの「自由意志」を用いて悔い改めるならば、"すべて"の罪を赦すために十字架で完全かつ罪のない血を捧げられました。

　あなたは、一人の人が生まれ変わったクリスチャンになると、その悔い改める罪人のために神の天使たちが喜ぶことに気づいていますか？（ルカ15:10）私は、天使たちが私たちの愛する人々に伝え、皆が行っていることを中断してこの祝賀に参加することもあり得ると信じています。悔い改める一人の罪人のためには、悔い改めの必要のない99人の正しい人々よりも天でより大きな喜びがあります。

　この行為は私に三つのたとえ話を思い出させます：

- ルカによる福音書 15:4-7：「人が百匹の羊を持っていて、そのうちの一匹を失ったなら、どうするだろうか。九十九匹を野原に残して失った一匹を探し出すまで行かないだろうか。そして見つけたときには、喜んで肩に担いで家に帰る。帰ると友人や隣人を呼び、『失った羊を見つけたので、一緒に喜んでください』と言うだろう。」

- ルカによる福音書　15:8-10：「ある女が銀貨十枚を持っていて、そのうちの一枚を失ったなら、灯をともして家を掃き、必死に探すまで見つけないだろうか。見つけた時、友人や隣人を呼んで、『失った銀貨を見つけたので、一緒に喜んでください』と言うだろう。」

- ルカによる福音書 15: 章10節 流浪の息子のたとえ話：若者が父親に遺産を求め、それを遠い国で贅沢な生活に浪費します。お金がなくなると、彼は豚飼いの仕事をしますが、最終的に自分の過ちに気づき、父親のもとに戻ります。父親は息子を許し、宴で歓迎します。

　それぞれのたとえ話が祝祭で終わることに気づいてください。天使たちは赦されることがどのようなものか全く分かりません。彼らが見るのは結果だけです。イエスは世の光です。誰でもイエスに従う者は、暗闇の中を歩くことはありません。

　私がキングジェームズ版の聖書を読むとき、私はすべての節、言葉、ジェオット、タイトルを百分の百信じます。それは神の霊感による言葉であり、神の人々がゆっくりと書いたのは、私たちの「全知の」神の言葉であることを確実にするためです。これが、私がこの聖書を読む前に祈る理由です。私は、聖霊が私の読んでいることについて知恵を与えてくださるように祈ります。聖書は単なる言葉ではなく、聖霊が私たちと語りかけているのです。この本はイエスの血で生きています。だからこそ、この本は世界中で第一の書であるのも不思議ではありません。

　面白い事実があります：天の新エルサレムと、もうすぐ建つイスラエル、エルサレムのユダヤ人の神殿は、ゴールドの神殿と呼ばれています。金は華氏1,948度で溶けます。イスラエルは紀元1948年、2,000年ぶりに国家となりました。私は偶然を信じません。

両方のエルサレムにある神の玉座の下の川

イスラエルのエルサレムの町は、過去6,000年間占領され続けてきました。それは常に神の町であり、神の土地です。ここはまさにエデンの園であり、イエスが生まれ、生活し、死に、復活した土地です。聖書は、父なる神がオリーブ山からイエスを引き上げたこと、そしてイエスが再び来る時、すなわち万王の王、万主の主としてこの同じ場所に戻ってくることを教えています。

　1999年、私はエルサレムとオリーブ山を訪れました。とても美しかったです！エルサレムの地下には広大な地下水脈があると聞きました。イエスがオリーブ山に降り立つと、地面が開く地震が起こります。また、周囲の地域が低地になる一方で、エルサレムの高度にも地質的変化が生じます。それは世界への灯台となるでしょう。川が噴き出し、地面の亀裂に沿って流れ、東は死海へ、西は地中海へと水が流れ込むでしょう。ゼカリヤ書 14:8〜9

　この川はエルサレムのイエスの王座の下を流れ、土地を潤すでしょう。天にある新しいエルサレムも、王座の間の下から命の川が流れ出し、神の王国のすべての土地を潤すということが、とても興味深いと思います。

　これは、出エジプトの際に神がユダヤ人に川を与えたすべての出来事を思い起こさせます。そのため、モーセは約束の地に入ることができませんでした。

　死海は地球上で最も低い標高の地点です。その平均深度は656フィートで、幅は31マイルです。紀元前1900年頃、神はソドムとゴモラに怒りを送られました。それはヨルダン川の東側に位置しており、ヨルダン川は紀元前1900年からそこに流れ込んでいます。これはアブラハムが約100歳だったときです。この海には出口がないため、世界中のどの海や大洋よりも塩分が高くなっています。これは、水が激しい砂漠の熱で蒸発し、すべての鉱物が残ることを意味します。鉱物のレベルは非常に高いため、人間はコルクのように水面に浮かぶことができます。この広大な湖を浮かんで横切ることができます。これらの鉱物はイスラエルにとって非常に貴重です。

　死海は、ソドムとゴモラに対する神の怒りから形成されました。神は火と硫黄で海を滅ぼしました。これが塩が生まれた場所です。

第14章

私たちの永遠の家は新しいエルサレムにある

世記1:1には、「初めに、神は天と地を創造された」と書かれています。ヨハネ1:1では、「初めに言（ことば）があった。言は神と共にあった。言は神であった」と書かれています。「一人の神ではない」とは書かれていないことに注目してください。父、子（イエス）、聖霊の三位一体の神を理解するのは難しいです。私たちはそれを事実として信じることを選び、イエスと共に人生を進める必要があります。

　また、神は「唯一の真の神」を信じた御聖徒たちを愛されました。アダムとエバから十字架上の盗人までです。十字架の後、人々は自分の罪を悔い改め、イエスを心に招き入れて「新生したクリスチャン」になる必要がありました。これはイエスとニコデモの会話に記されています。その後、彼らの名前は天の新しいエルサレムにある「子羊の書」に登録されます。

　これはイエスがヨハネ14:1-3で使徒ヨハネに言うように言ったことです。「心を騒がせるな。神を信じるように、わたしをも信じなさい。わたしの父の家（**新しいエルサレム**）には多くの住まいがある。そうでなければ、あなた方に言っただろう。わたしはあなた方のために場所を用意しに行く。そして、わたしが行って場所を用意すれば、再び来て、私のもとにあなた方を迎える。わたしがいる所には、あなた方もいることができる。」これは<u>テサロニケ第一1:10</u>に関することです。「そして、来るべき怒りから私たちを救い出した、死者の中から蘇らせた彼の子、すなわちイエスを天から待ち望むこと。」

<u>テサロニケ人への第一の手紙</u> 4:16-18:　「主ご自身が天から叫び声と大天使の声と神のラッパと共に降りて来られるとき、キリストにある死者がまず甦る。その後で、私たち生きて残っている者も、彼らと共に雲の中に引き上げられ、空中で主に会うことになる。そして私たちはいつも主と共にいるだろう。このために、この言葉で互いに慰め合いなさい。」

　　イエスは大工の主人であり、私たち「<u>生まれ変わったクリスチャン</u>」のために、人を愛しているから壮大な邸宅を建ててくださっています！ 私たちの神は、与え続け、与え続け、与え続けてくださいます。私たちは天国の新しいエルサレムに行き、イエスと愛する人たちと永遠に過ごすことになります。　（私たちは皆を知り、愛することになるでしょう！）

　　表紙からおわかりのように、その周りにはドームがあります。神が創造された宇宙の中で私たちが見るものはすべて丸いのです。

　　新しいエルサレムには宇宙でそれを守るためのドームがあり、その内部を酸素と重力で住める状態にしています。

　　宇宙の中でこれに匹敵するものはありません。ここは神の家であり、神はそれを愛し、礼拝する者と分かち合

　いたいと思っています！　私たちはもうすぐ、愛する人々と一緒にイエスと直接会うことになるでしょう。地上から空に浮かぶ新しいエルサレムを見ることを想像できますか？それは壮大なものになるでしょう！

　<u>ローマ人への手紙11:11-24</u>は、なぜ神がイスラエルをキリストに対する不信の中で堅くされたかを説明しています。それは、神の比喩的なオリーブの木に異邦人のクリスチャンのための場所を作るためです。不信のユダヤ人の古い枝は切り落とされ、新しい枝がその根に接ぎ木されています。私たちの救い主イエスがユダヤ人であることを決して忘れないでください。

　　新しいエルサレムで私たちが目にするいくつかのユニークなものを紹介します：12番目の土台には、"命の川"が王座の間から新しいエルサレム全体に流れます。王座の間には七色の素晴らしい虹もかかるでしょう。

　　これらの土台はそれぞれ国のようなものかもしれません。それが何であれ、素晴らしいものでしょう！金の透明な通りがあります。なぜ通りがあるのか気になります。

　　この川の両側には"命の木"があり、毎月異なる果実を実らせます。カレンダーがあるようです。天国に時計があるとは思えません。野菜の農場や馬の牧場はあるのでしょうか？すぐにわかるでしょう。

第15章

新しいエルサレムの城壁の基礎

天からの12の透明な鉱物高さ1,500マ
イル、基部の幅も1,500マイル

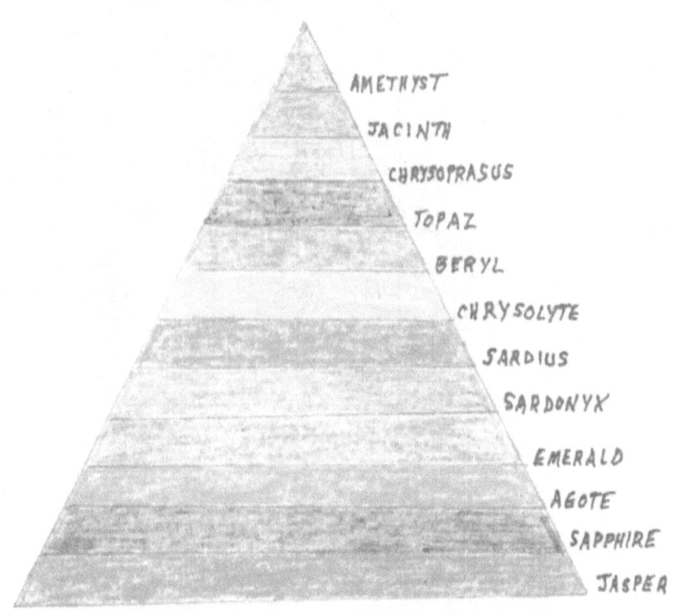

1　2の基礎の壁は、さまざまな色の貴重な石で装飾されています。その石は大祭司の胸当ての12の石とは一致しません。各基礎は125マイルの高さがあり、各石は異なる幅を持っています。また、それらは透明な石です。

　　　私は、それぞれの基礎の間に厚さ約72ヤードのダイヤモンドの岩盤を構築することで、各基礎をより堅固にすることが可能だと信じています。

　　　神の光が内側から現れると、それらは外側から虹の色のように輝くでしょう。ペテロはイエスを日の明星と呼んでいます。（ペテロ第二 1:19）これは神が造られた家です。ユダヤ人の大祭司の胸当ても、新しいエルサレムの基礎のこれら12個の異方性宝石を示しています。以下は、最初の基礎から12番目の基礎までのこれらの貴石のリストです。「命の川」は、最上位の基礎にある神の玉座の間から流れ出ます。なんてカヌー旅行でしょう。わあ！！

石	色	象徴主義	参考文献
ジャスパー	赤	純粋さ、交わり	出エジプト記 28:20
サファイア	青	純粋さ、交わり	ソル 5:14、出エジプト記 28:18
カルセドニー	緑、赤、青	純粋さ、交わり	出エジプト記 28:17
エメラルド	ライトグリーン	純度、交わりの価値	出エジプト記 28:18、27:16
サードニックス	白、青、茶色	交わり イスラエル 礼拝	出エジプト記 28:26, 91
サルディウス	黄色、茶色、赤	交わり 神の栄光	出エジプト記 28:17、黙示録 4:3

クリソ ライト	金、銅	純粋さ 交 わり 価値	出エジプト 記 28:12、ヨ ブ記 28:19
ベリル	シーグ リーン	キリストの御 体による交 わりの働き	出エジプト 記 28:20、ダニ エル書 10:6
トパーズ	オレンジ	純度、交わ りの価値	出エジプト 記 28:17、ヨ ブ記 28:19
クリソプ ラサス	ライトゴ ールド、 グリーン	交わり 永 遠の永続	出エジプト 記 28:18
ジャシンス	青、黄、赤	純粋さ、交わり	出エジプト 記 28:19
アメジスト	紫	純粋さ、交わり	出エジプト 記 28:19

　　壁は144キュビットの幅があり、つまり壁の厚さは72
ヤードです。この距離を100ヤードのフットボールフィー
ルドでイメージしてみてください。各側には3つの真珠の
門があります。各真珠の門はたった一つの真珠でできてい
ます。私はそれが厚さ1フィートで中央から切り取られ、
美しい彫刻が施されている可能性を考えています。それは
両側で寺院の外側に取り付けられており、両側から中央に
向かって門として閉じることができます。

　　この場所にはまた、北、東、南、西の各側に3つの
門があります。各門には巨大な真珠の石が一つあり、虹色
の色彩を持っています。このことについても、この報告書
でさらに詳しく説明し、それにふさわしい形で伝えたいと
思います。

　神は色を扱うことを愛しています。我々は、新しいエルサレムの中で、これまで見たことのない色を見るでしょう。

　コリント人への第一の手紙 2:9：「いや、神の愛する者たちのために神が用意されたものは、目で見たこともなく、耳で聞いたこともなく、人の心にも思い浮かばなかったものです。」それはこの世を超えたものになるでしょう！

　神は「全知」であるため、アダムとエバが創造されるずっと前に、天に「新しいエルサレム」を建てました。

　すべての12の門と基礎にはユダヤ人の名前が付けられています。12はまた、統治の完全さや支配を意味する神秘的な数字で、神の選ばれた民と関連しています。

　聖書によれば、私たちが生まれる「前」に神が私たちを知っていることについての聖書の節は100以上あります。

　私は新しいエルサレムの表紙の絵を描きたいというインスピレーションを受けました。私たちはそれがどのような姿をしているか知りませんが、山の形をしています。これは私に、花嫁のための12色の層のウェディングケーキを思い起こさせます。イエスは私たちを新しい花嫁として父の家に連れて行ってくださいます。これは単なる言葉遊びです。これは単なるケーキの一片ではありません。

　私は、各基礎の上に真珠の門があるかもしれないと信じています―方位盤の各側に3つずつ―そして入口の外には神の創造の天を観察するためのエリアがあります。私は、各基礎にユダヤ人部族とユダヤ人の門があるのが好きです。トンネルを通るには、各真珠の門ごとに72ヤード歩かなければなりません。

　それは透明な石でできているため、暗闇はありません。神が新しいエルサレムの光となるのです！

　これは、神が千年王国の期間中に新しいエルサレムを地上に降ろすという預言です。1000年間の千年王国の間、おそらく中東上空の第二の天に浮かんでいるでしょう。大きさは月とほぼ同じくらいです。

　もしそれが地上に置かれれば、自動車の車輪に置いた鉛の重りのように地球の自転に影響を与え、世界を揺らすことになります。

　「父の家」に連れて行かれるのは家族だけです。救い主としてイエス・キリストを信じる者だけが捕えられるのです！

　これはイエスが間もなく来る携挙で私たちを連れて行く場所です。私は「私は太陽よりも輝く栄光の地に場所を持っています」という歌が大好きです。ここは栄光の地です！

　私たちが主の祈りを唱えるとき、「御国が来ますように（新しいエルサレム）、御心が天で行われるように地でも行われますように」と言います。「御国が来ますように」という響きが好きで、より霊的に感じられます。この場所は「楽園」とも呼ばれています。

　光のない**ダイヤモンド**を見ると、それはただの石にすぎません。しかし、光がそれを通して差し込むと、輝き、きらめき、光を放ちます。それは地球上で最も価値のある石です。ダイヤモンドは人類が知る中で最も硬い天然物質です。地球上で次に硬い鉱物の58倍硬いです。ダイヤモンドを傷つけることができる唯一の物質は、他のダイヤモンドです。1カラット以上のダイヤモンドは100万に1つです。ダイヤモンドは約30億年前のものと考えられています。それぞれは雪の結晶のようです。中には無色のもの、青色、黄色、ピンクなどの色があります。

　私は以前、新しいエルサレムが天に建てられたと述べました。ここでは、一つの真珠が真珠の門として、そしておそらく一つのダイヤモンドが頂点石として使われているのを見ます。神の天国では、多くのものが巨大であるようです。新しいエルサレムで他にどんなものが見られるでしょうか？

　地質学者によれば、ダイヤモンドは地球上で形成されるのに何百万年もかかります。我々の地球は、多くの人が信じているよりもはるかに古いのです。

　神はイエスをすべての上における主要な石（頂点石）として高められました。各門が一つの真珠から作られているので、頂点石は一つのダイヤモンドで作られているかもしれません。遠くから見た時、その輝きがどれほど素晴らしいか想像してみてください。イエスが新しいエルサレム全体の光であることを忘れないでください。

　私は、新しいエルサレムが惑星のように空中に浮かび、その周りに透明な球体があると信じています。都市の光である主イエス・キリストが、美しい石の壁とその上のダイヤモンドの輝きを通して輝く情景を想像してください。私たちは、まるで灯台の光のように、天空に向かって輝くダイヤモンドを見るかもしれません。

　地上にいるとき、イエスは言われました、「私は世の光である」（ヨハネ8:12）。今、永遠の都市で、キリストはそのすべての輝かしい栄光と尊厳の中で非常に壮麗に輝き、闇が存在することが不可能になるのです。そのため、そこには夜がないのも当然です！

　それは12の異なる基礎を持ち、それぞれ異なる色の宝石の壁でできており、それぞれの高さは125マイルになります。それは、ミズーリ州ジョプリンからオクラホマ州タルサまで移動するようなものです。壁はそれぞれガラスのように透明で、そこから神の光が放たれると、それはまた「目を見張る出来事」になるでしょう。

　次に地球に最も近い位置にある満月（近地点）を見るとき、それは月の軌道の地球に最も近い地点です。私はあなたに知ってほしいのですが、天の新しいエルサレムもほぼ同じ大きさです。それには球体があり、あらゆる異なる色で月のように光り、頂上には輝くダイヤモンドがあり、空の宝石のように現れます！ これは神の家です。人々は千年王国の期間中に地球からこれを見ることができるかもしれません。この情報は『ヨハネの黙示録』21章からのものです。神は嘘をつくことはできません。これもまた、私たちの堅固な岩の上にある永遠の家となるでしょう！

　なぜ神がこの広大な楽園にたった12の真珠の門しか設けなかったのか不思議に思います。それぞれの門は基盤ごとに125マイルの高さがあり、はるかに広いです。天使たちがこれらの門を使う必要があるとは思えません。彼らはおそらく思考を通じて移動します。次の人々はこれらの門を通った可能性があります：エノク、エリヤ、エリシャ、エゼキエル、ステファン、ヨハネ、モーセ、パウロ。ヨハネとパウロは新しいエルサレムで見たことを話すことができませんでした。私たちの心では、神が私たちのために用意しているものを理解し始めることすらできません。携挙で新しい栄光ある体を受け取ると、私たちは天使のようになり、真珠の門を通る必要がないかもしれません。

第16章

新しいエルサレムに
向かって進む

あなたが休暇に行くとき、訪れる地域の情報を調べていたことを覚えていますか?

　私は50年間、まさにそれをしてきました！ 私はそこを訪れるだけでなく、永遠にそこに住むつもりです。私の情報は、私たちの聖書から来ており、その場所は「新しいエルサレム」と呼ばれています。この情報は『ヨハネの黙示録』21章にあります。

　この場所は天国にあります。神は私たちに天国というこの場所について知ってほしいと思っています。「天国」という言葉は旧約聖書で327回、新約聖書で255回見つけることができます。それの素晴らしいところは、私はイエスの目を見て会うことができ、同時に自分の両親、妻、兄弟、娘、孫、そして聖書に登場する聖徒たちと交わりを持つことができるということです。これが単なるおとぎ話だと思っている人々には本当に気の毒です。私たちが最後の呼吸をする時、私たちは天国か地獄に送られます。私は地球の中心の温度をグーグルで調べたところ、華氏9,800度だと分かりました。より高いとする説もあります。神は理由があって天国と地獄を創造しました。天国に行く唯一の方法はイエス・キリストを通じてです。もしあなたが罪を悔い改めず、イエスを心に迎え入れていないのであれば、天国には行けません！

　創造の第四日、神は昼のために太陽を、夜のために月を創り、何十億もの星を作られました。私たちの太陽に100万個以上の地球を入れることができると気づいていますか？また、銀河系のいくつかの惑星の中に10億個の太陽を入れることができると気づいていますか？銀河系は何万光年も広がっています。神がわずか六日間で行ったことを見てください。「新生したクリスチャン」が私たちの思考を使って地球や銀河系にさえ旅することが可能であると私は信じています。イエスは復活後にこれを行いました。天国では退屈することはないでしょう！

　色、光景、そして音は息をのむほどで説明できないでしょう。信じるためには、自分の目で確かめる必要があります。神は、神を愛する人々のためにこの**特別な場所**を創造しました！

　新しいエルサレムはアメリカ合衆国の半分の大きさ、つまり225万平方マイルになります。それは長さと幅だけでなく高さでも測定されます。ピラミッド型になるため、その体積は12億5000万立方マイルです。

　パウロがエペソ人への手紙第3章で書いているように、「愛に根ざし確立されているあなたがたが、主のすべての聖なる者たちとともに、キリストの愛がどれほど広く、長く、高く、深いかを理解する力を持つように、私は祈ります。」

　罪は新しいエルサレムに入ることができません。私は「太陽をも凌ぐ栄光の地に私の場所がある」という歌が大好きです。新しいエルサレムからの光は神から来ます。

千年王国の治世の間、それは地球の上の空に宝石のように見えるでしょう。

　聖書によると、新しいエルサレムの中で私たちが見るいくつかのことは次の通りです：聖なる都市には各側に三つの真珠の門があり、**12のユダヤの部族**の名前が彫られています。各門は「一つの真珠」でできていると信じられています。小さな真珠でさえ非常に珍しいです。私はこれらの真珠に大きな丁番が壁に付いているのを想像できます。各門には天使が配置されるかもしれません。元素の周期表全体が含まれるでしょう。通りは透明で純金のようです。「命の川」が神の玉座から流れ出ます。私はミズーリ州ノエルのエルク川に住んでいて、川を漂うのを楽しみました。おそらく私たちもこの美しいゆったりとした川を漂うのを楽しむでしょう；そのための時間もあるでしょう！

　動物（私の犬二匹もそこにいるといいな）、鳥、そしてミツバチもいるでしょう。つまり、私たちはハチミツ入りの巣を食べるかもしれません。また、パンのために小麦を育てるかもしれません。つまり、天国に農場がある可能性があります。

　野菜畑や庭はどうでしょうか？　聖書は白い馬について語っていますが、馬の牧場はどうでしょうか？

　ヨハネの黙示録 19:11-16 - この箇所では、天国に白い馬が現れ、「忠実で真実な者」と呼ばれる人（イエス）が乗っています。騎手は多くの王冠をかぶり、正義の中で裁き、戦う姿で描かれています。天の軍勢は白馬に乗り、白く清い細布に身を包み、騎手に従います。それが私たちです！

　列王記下 6:17 エリシャは祈った。「主よ、彼の目を開けて、見えるようにしてください。」すると主はしもべの目を開かれ、彼は見て、エリシャの周りの丘が火の馬と戦車で満ちているのを見た。

　　テリー・フェイターは「天国の馬」という歌を歌う。彼は、癌で亡くなる6歳の少年について歌い、「彼が死ぬ前に、天国には馬がいるのか？」と問いかける。

　　私は新しいエルサレムで「**レモネード**」という名前の馬を飼っている。ロンと私は6歳のとき、祖母の**レモンズ**がいつかポニーをくれると言ってくれた。きっと彼女は今、天国にいて、ついに私たちに白い牡馬を見せてくれるかもしれない。

　　聖書はまた、『生命の木』についても語っています。この木は毎月異なる実を実らせます。この生命の川の両側にこの生命の木を見ることができ、これらの木の外には金の通りがあります。私の疑問は、なぜ天国に道があるのかということです。もうすぐわかるでしょう。

　　私たちは、美しい色を見て、木や茂み、花々から様々な香りを嗅ぐでしょう。すべての種類の音楽も聞こえるでしょう。イエスがユダヤ人であり、この聖なる都市の中でユダヤの人々が表されているのを見ているので、天国でヘブライ語を話せるのかしらと考えます。

　2017年、私は初めての本『**蛇の毒**』を書きました。

　私は第7章「天国は絶対に存在する」を書いていました。祈っていたある夜、私は美しい色彩にあふれた素晴らしい夢を見ました。私はいつもベッドのそばにノートを置いています。なぜなら、朝早くに聖霊が私にインスピレーションを与えてくれるからで、忘れてしまう前にできるだけ早く書き留めるためです。約2か月後、同じ夢を再び見ました。今回は、より多くの情報を覚えていました。私はこの夢が新しいエルサレムで起こったと心から信じています。また、神がこの夢が実現することを知らせるために私に与えた預言だとも思います。この話を自分の本に加えました。「私は自分が新しいエルサレムの特別な場所にいると感じました。」

「私は下り坂を歩いていて、左手には二階建ての白い南部植民地風の家が見えました。巨大な柱があり、回廊式のポーチもありました。その家は白い大理石でできているように見えました。美しい花や花を咲かせた低木がたくさんありました。芝生は見事な緑色で、刈りたてのように見えました。すべてがとても手入れされていました。丘の下に水面が見えました。確かではありませんでしたが、<u>命の川</u>かと思いました。

それが湖なのかゆっくり流れる川なのかははっきりしませんでした。また、色や大きさの異なるいくつかの木も目に入りました。」

湖なのか、ゆっくり流れる川なのか分かりませんでした。また、色や大きさの異なるいくつかの木々にも気づきました。

私はこれらの木や茂みからの素晴らしい香りを思い出しました。右側を約40ヤードのところに見ると、美しい大きなオークの木があり、その幹の周り、約2フィートの高さに花壇があり、女性が私に背を向けてひざまずき、その花壇で作業していました。私は彼女に近づき、約10フィートのところで、彼女が振り向くと、私たちは二人ともショックを受けました。それは私の母でした！ そしてその光景は終わりました。” 母は約30歳くらいに見え、とても幸せそうに見えました！

私たちはお互いに話したかったが、それはまた別の時のことだった。母は糖尿病のために片足を失い、いつも車椅子を必要としていた。

母は76歳で亡くなった。両足があり、若々しく見える母を見ることができて美しかった。母がもう苦しまなくなる、痛みも涙も、人生の合併症もなくなると思うと心が穏やかになる。母の信仰は常に強く、体から離れることは主と共にいることだと知っていた。

　母が亡くなった瞬間を覚えている；そのとき母はイエスと共にあった。そこが母の送られた場所だった：栄光の地へ。主イエス様、あなたの復活と十字架で私たちのためにしてくださったことに感謝します。　すべての愛する人たちがポーチにいるのを見たかった。だが、この夢は私の魂を慰めてくれた。

　なぜ人が死んだり殺されたりすると、人々はその人が天国に送られると信じるのでしょうか？ これは真実ではありません。彼らが天国に送られるのは、「生まれ変わったクリスチャン」である場合だけです。これらのことを念頭に置きながら、神が私たちに時間を与えてくださる間に人々を救おうとしましょう。イエスは間もなく来られます。あなたとあなたの愛する人たちは準備ができていますか？

　天国では年を取ることはありません。天国の人々は成熟した状態に成長し、その年齢のままで永遠にい続けます。

第17章

新しいエルサレムに
向かって進む

光は新しいエルサレムの中のイエスから来るであろう。新しいエルサレムは、宝石のように輝き、水晶のように清らかな光の都市として描かれている。暗闇は存在しない。

　この都市は避難所のようであり、すべての有害な要素からあなたを解放し、楽に生きることを可能にする。そして、悪い言葉は一切語られない。この場所は彼の善良さを示している。それは楽園の庭である。救われた聖徒たちだけがここに住むであろう。これは"新生クリスチャン"である。

　ここに、この王国にいることについて私の頭に思い浮かんだことのリストがあります。　1.) 動物は草や干し草を食べます。　2.) 天国では肉を食べません。　3.) 神は私たちが楽しめる仕事を与えてくださいます。　4.) この聖なる都市では性行為、結婚、子供の誕生はありません。　5.) 自己の誇りはありません。　6.) 学校があります。　7.) あらゆる種類の農場や牧場があるかもしれません。　8.) 教会があります。 9.) 家、邸宅、コテージ、アパートがあります。多くの家は生命の川沿いにあります。 10.) 川、湖、滝があるかもしれません。 11.) 多くの都市や国があります。 12.) 医者、看護師、歯科医、薬局、病院、診療所は必要ありません。 13.) 葬儀場、老人ホーム、携帯電話、銃、弾薬もありません。 14.) 乗り物はありますか？ （なぜ透明な金の道なのでしょうか？） 15.) 知事、代表者、市長がいるかもしれません。16.) 闇が存在しないので、私たちは眠る必要がないかもしれません。 17.) 天国で私たちは祈るのでしょうか？ 18.) キリスト者たちは花婿であり、イエスは花婿です。彼は私たちを子羊の婚礼のためにその父の家に導きました。 19.) 婚宴は天国でどのくらい続くのでしょうか？20.) 私たちは白い衣を着るでしょう。 21.) 永遠の間、「主をほめたたえよ」と言いたくなるでしょう！ 22.) 天使たちもここに住むでしょう。彼らにはミカエル大天使（天使たちの長でありユダヤ人の守護者）などの名前があります。彼は背が高く、力強い戦士です。他の天使にはガブリエル、ウリエル、ラファエルがいます。私は自分の守護天使に会うのを楽しみにしています。 23.) 私たちは直感的な知識を通して、この都市のすべての人を知ることができるかもしれません。24.) そこには退屈はありません！ 私たちは望むあらゆる学問を追求できます。25.) 神が創造した天国や宇宙を探検するのはどうですか？ 私たちは誰も行ったことのない場所に行くのでしょうか？ （スタートレック）26.) 目は見たことがなく、耳は聞いたことがなく、人の心にも入らなかった―神が愛する者のために用意したものです。もう眼鏡や補聴器、歯の問題、義肢などは必要ありません。27.) 私たちの感覚は大幅に向上します。28.) ここでは木々、茂み、花など、あらゆる異なる香りを感じることができます。29.) 新しい空気を吸い、その空気が天上的であると感じるでしょう！30.) 色彩は私たちの想像を超えるでしょう。（何千もの色があるかもしれません）虹や神の自然のすべては息をのむほど美しいです。31.) 私たちの礼拝は、私たちが想像できる以上に美しく完全なものになるでしょう。32.) これまで経験したことのないような笑いと楽しみがあります。33.) 多くの人は信じていませんが、私たちは天国でキングジェームズ聖書を読むかもしれません。それは多くの次元で書かれているかもしれません。34.) 私たちはあらゆる種類の美しい音楽を楽しむでしょう。35.) 私たちは週に六日働き、七日目に休むことができると思いますか？ 36.) 誰をイエスに導く手助けをしたかを知ることができます。37.) 神は私たちに地上で与えられた賜物で、私たちの創造性を解き放たれるでしょう。 38.) 鳥や魚、蜂のような昆虫もいるかもしれません。蜂蜜の甘さについての聖句は多くあります。39.) 私たちは神を「すべての恵みの神」として崇めなければなりません。40.) また、イエスを「私たちの偉大な大祭司」と考えなければなりません。41.) 私が行った悪いことを思い出さないでしょう。神に感謝します。42.) 私たちは「生命の木」の実を食べるでしょう。その木は毎月異なる果実を実らせます。その葉は諸国民の癒しのためです。これは天国で30日間の月があることを意味するのでしょうか？　私たちはその葉も食べるでしょう。これはその国々における天国での幸福感をもたらします。43.) 悪い言葉は一切話されません。嘘も、汚れたイメージも、不正な取引もありません。44.) 神は私と双子の兄弟ロンを1944年にこの世に送り出してくれました。私は、教会のラプチャーで共に天に引き上げられ、新しいエルサレムに行けることを祈っています。私は天で愛する家族とのその再会の時の準備ができています。45.) これは私たちの家ではありません。私たちの永遠の家は新しいエルサレムにあります。デビッド・ジェレマイアもこのリストに追加しました。46.) 悪い言葉は決して話されません。47.）私たちはその聖性に圧倒されるでしょう。48.）生命の堕落は決して現れません。49.）その中のすべての人は聖なる人です。50.）初めてイエスに顔と顔を合わせて会う瞬間はなんて素晴らしいことでしょう。51.）ユダヤ人が私たちの聖書を記し、イエスがユダヤ人であるため、私たちは天国でヘブライ語を話すかもしれないと信じています。そして私たちの新しい名前もヘブライ語かもしれません。52.）私たちは楽しめる仕事を持ち、それが社会に役立つかもしれません。53.）この地上での最高の時間も、新しいエルサレムでの経験には到底及びません。私たちは素晴らしい神に仕えています！

　私たちはまた、新しいエルサレムの御父と御子（イエス）と共に玉座の間に座る二十四人の長老たちを見るでしょう。彼らの名前は十二の土台と真珠の門に刻まれています。

　きっと、皆さんの中にはこのリストにさらに加えられる方もいるでしょう。

　天にいるとき、私たちはこれらすべてのことを気にしないでしょう。なぜなら、そこでは主イエス・キリストに会うことができるからです。御顔と御微笑を見て、御交わりを楽しみ、御栄光に礼拝することはそれだけで十分でしょう。なんという素晴らしい時でしょうか！

<h1 style="text-align:center">第18章</h1>

<h1 style="text-align:center">天にある新しいエルサレム</h1>

私たちは、この光の輝きが目をくらませると思い込むべきではありません。それは視覚の完全さと光の完全さを示すでしょう。キリストをそのままの姿で見ることは、私たちがこれまで見た中で最もはっきりとした視覚であり、私たちが想像できる最も喜ばしい光景となるでしょう。その光を見ることで、私たちは完全な喜びを感じるでしょう。この世界では、まばゆい光は苦痛や破壊をもたらすことがありますが、あの世界ではもはや痛みはありません。その代わりに、"新しいエルサレム"の輝く美しさは完全な喜びとなり、私たちが想像できる中で最も心地よく、美しい光景となるのです。

　この輝かしい栄光は、新しいエルサレムのすべてを照らします。都市の素材はすべて光を通すために半透明または透明であり、光を通すことで、すべてが輝き、光り、神の光を放ちます。壁の基礎にあるすべての宝石は、神の光がなければ暗くなります。自らを示す光がないのです。ガラスのように透明と神秘的に呼ばれる黄金の道も、神の光がなければ黒く死んでしまうでしょう。これらのことは、『ヨハネの黙示録』21章や22章には、生命の木を除いて言及されていませんが、新しい地で繁栄するあらゆる成長するもの―花、植物、水、川、湖、池―は、神の栄光の光で輝くでしょう。その世界は、海が水で満たされるように、主の栄光の知識で満たされます。その場所の光は周囲すべてに流れ込み、私たちの完全な視力に届きます。私たちは復活の体であり、復活の目を持ち、永遠の栄光を見るでしょう。十分な光は健康な植物を育てるために不可欠です。

新しいエルサレムの栄光は貴重で価値あるもの、まるで貴重な宝石のようだと考えられており、ゆえにそれはクリスタルのように澄んだジャスパーにたとえられます。ジャスパーは石英の一種で、通常は赤みがかった色をしており、縞模様や斑点があって興味深く、魅力的で、目を引くものです。

それは鉱物を多く含む火山性の堆積物が予測できないパターンで凝固することによって形成されます。南西ミズーリ州の三州地域にある私たちのジャスパーは、輝く黒色です。

ヨハネの描写の多くの物理的側面と同様に、これはクリスタルのように澄んでいるため、別の種類のジャスパーです。

私たちはそれを、内包物のない完璧に輝くダイヤモンドにたとえることもできるでしょう。

新しいエルサレムは贖われた罪人たちでできているにもかかわらず、花婿なるキリストの血による花嫁の清めは非常に完全であるため、私たちの中のどんな汚れや欠点によっても神の栄光の輝きは損なわれず、私たちは神の栄光で輝くでしょう。

ヨハネの黙示録21章12-14節はその都市の壁と門の詳細を述べています。「*その町には大きく高い城壁があり、十二の門があり、門には十二人の天使がいた。門にはイス*

ラエルの十二部族の名が書かれていた。東に三つ、北に三つ、南に三つ、西に三つの門があった。その町の城壁には十二の土台があり、その上には子羊の十二使徒の名が書かれていた。」

　　神はこの王国を12の基盤の上に建設しました。それぞれの基盤の高さは125マイルです。彼は自分の家の高さと幅にこの余分な空間を設けた完璧な理由がありました。それは、彼の息子イエスの使命のためであり、イエスの無罪の血によって罪を悔い改めた人々の魂を救うためです。そして、彼らは"聖霊"を永遠に自分の心に迎え入れました！イエスの彼らの信仰に対する愛は、彼らを父の家で共に生きることに導きました。彼は彼らが新しいエルサレムで暮らすための邸宅を与えています。神はどのようにしても、このすべての空間を使って、何百万もの邸宅、建物、公園、川、湖、小川を建設するための土地を創造します。透明な金の通り、何百万もの木、命の木、花咲く茂み、そしてあらゆる色の美しい花々。私たちの神は無から何かを創造することができます。

第19章

新しいエルサレムは
天の首都です

第三の天にある新しいエルサレムは、最初のエルサレムです。それは天の首都です。ギリシャ語で「Neos」、英語で「New」は、これまで存在しなかったものを意味します。エルサレムは「平和の基礎」を意味します。新しいエルサレムは、最も貴重な石のようであり、ジャスパーの石のようで、クリスタルのように澄んでいます。

　興味深いことに、イスラエルのエルサレムは世界の中央、すなわちエデンの園があった場所に位置しています。その名前はダビデの時代に付けられました。カナンの三男はジェブスであり、彼の名前はジェルに変えられ、サレムが加えられて、この都市の名前は「エルサレム」となりました。アブラハムの時代から今日まで、これはユダヤ国の首都であり続けています。また、この都市は千年王国の間、世界の首都ともなるでしょう。ここでイエスは万王の王、万主の主として統治されます。イスラエルは私たちの聖書のコンパスです。

　ヨハネの黙示録21:1-27を読んだ後、私は神が第三の天に新しいエルサレムを創造し、天使のため、そして後に人間のために地上のエルサレムを創造した可能性があると信じています。神は「全知」であるため、天使を創造したときからこれが神の計画であったのかもしれません。アダムとエバの時代から4,000年間、唯一の真なる神を信じたすべての人は、地下の「楽園」に運ばれました。

　イエスが十字架で人々の罪を引き受けるまでは、誰も天の新しいエルサレムに「上る」ことは許されませんでした。神の御父はその人々（男性と女性）の罪を赦し、イエスが昇天したときに彼らを天の新しい楽園に連れて行くことを許されたのです。

　コリント人への第二の手紙 5章1節は、私たちは今、小さな月々の家賃を払っているが、すぐに権利書付きの大邸宅を所有することになる、と教えています。しかも追加の支払いはありません。

　驚くべきことに、神は私たちを非常に愛しておられ、そのひとり子イエスを私たちの"すべて"の罪のために死なせるために送られました。十字架の上の盗賊は、冥界のこの楽園に入った最後の人でした。そしてイエスが天に昇られたとき、イエスはこの楽園を空にし、彼らすべてを新しい天国である新エルサレムに"連れて"行かれました。

　イエスは多くの人々を連れて行きました。たとえば、アダム、セト、エノク、メトセラ、ラメク、ノア、ヨシュア、ダビデ、ヨブ、イザヤ、エレミヤ、エゼキエル、ダニエルなどです。この出来事は紀元30年に起こりました。私たちは彼らと共に、イエスや亡くなったすべての愛する人々と一緒にいるでしょう。これにより、愛する人々に再び会える希望がもたらされます。

　　ここで別の考えがあります。私たちは守護天使や大天使ミカエル、ラファエル、ガブリエル、ウリエル、アズラエルのような天使にも会うでしょう。私たちに時間があるうちに人々をイエスに導くことが重要です。聖書はその言葉で私たちに教えています。もしあなたが「新生のクリスチャン」であれば、「肉体を離れることは、主と共にいること」です。これが、私たちが死を恐れるべきでない理由です。

　　イエスが下ってきて、『上へ』と呼びかけ、すべての『新生クリスチャン』を連れて行き、私たちも第三天の新しいエルサレムへ『上へ』連れて行くとき、もう一度ラプチャーがあります。これはいつでも起こり得ます！ これが『義の冠』の意味です。テモテへの手紙二 4:8 および ヤコブの手紙 1:12

　　歌にあるように、「私たちには太陽よりも輝く栄光の地があります。」これは、私たちの主の祈りに出てくる場所と同じ場所で、「御国が来ますように、御心が天で行われるように地でも行われますように」と言われています。人々はこの場所を次のように呼びます：パラダイス、新しいエルサレム、天国、王冠の宝石、純金の都市、聖なるエルサレム、至聖所、エデンの園、永遠の都市、聖なる都市、天の都市、または父の家、愛される都市。新しいエルサレムは天の聖なる首都です。数学的に、この聖なる場所の中には全陸地面積よりも多くの土地があると計算されています。新しいエルサレムはユダヤ人に捧げられています。

　　私はまた、家族が車で旅行していたことを覚えています。その中で私たちは『主に従う』を歌っていました。私は今でもジョニー・キャッシュがこのニュージェルサレムについての歌を歌うのを聞くのが大好きです。

　真珠の門に歩いて行き、自分の名前が**子羊のいのちの書**に記されているのを想像できますか？門を通り抜けると、神の御座の間から流れる透き通った生命の川が見えます。この川の両側には美しく手入れされた緑の芝生が広がり、「いのちの木」は一年を通して毎月異なる果物を実らせます。

　このエリアの両側には、この冠の宝石全体に続く透明な金の道があるかもしれません。

　木々、花々、そして低木の色は息をのむほど美しく、それぞれに香りがあるかもしれません。

　この場所は「生まれ変わったクリスチャン」のために作られました。これは死後私たちが行く場所であり、ラプチャーの後に行く場所であり、私たちの邸宅がある場所です。なんと素晴らしい神を崇め、愛していることでしょう。

　神がたった六日間で創造したものを見てください。私たちは、この2000年間で神が行ってこられたことを知るすべがありません。

　7年間の大患難時代の終わりに、イエスが万王の王、万主の主として降臨されるとき、この聖なる都市も地上に降ろされ、千年王国の間、第二の天に中東の上空で浮かぶかもしれません。銀河を通過するので、神はその保護のために透明な丸いシールドも創造されるかもしれません。なんという光景でしょう！」

　そして私、ヨハネは、聖なる都、新しいエルサレムが神から天に向かって下ってくるのを見ました。ヨハネの黙示録 21:2。ヨハネ 14:2には、『わたしの父の家には住むところがたくさんあります・・・わたしはあなたがたのために場所を整えに行きます』と書かれています。

　この都市は神の聖徒たちにとって、なんと喜ばしいことでしょう。

　天の都、新しいエルサレムに関するヨハネの幻は、過去6000年間信者に約束されてきたことを確認しました。この都市には、神の栄光のために太陽も月も輝く必要はありません。なぜなら、それを照らすのは神自身であり、子羊（イエス）がその光だからです。

　新しいエルサレムにいることについて、いくつかの考えをさらに述べます。神はすべての涙、死、泣き、痛み、悲しみを拭い去ってくださいます。私たちは想像を超える喜びの能力を備えられるでしょう。コリントの信徒への手紙一 15:42-44

　私たちは思考を通じて、瞬時に大きな距離を移動できるかもしれません。（現れたり消えたりする）直感的な知識を通して、この都市のすべての人を知ることができるかもしれません。

　私たちの朽ちるべき身体は朽ちないものを身にまとい、私たちの死すべき身体は不滅を身にまとうでしょう。コリントの信徒への手紙一 15:53

　私たちは神のように全知であることはありません。千年王国の間、私たちは聖なる都市やこの地上で働くことがあるかもしれません。

　マタイ25:14：　『目は見ず、耳は聞かず、人の心にも入らなかった、神が愛する者たちのために備えてくださったこと』。私たちはキリストと共にいるでしょう、それだけで十分です。

　私たちのすべての感覚は大幅に向上します。私たちは天上の空気を吸うことになります。色彩は私たちの想像を超えるでしょう。虹や神のすべての自然は息をのむほど美しいです。

　私たちの礼拝は、私たちが想像できるよりもさらに美しく完全なものとなるでしょう。地上で経験したことのない笑いと喜びがあるでしょう。

　　私たちはあらゆる種類の美しい音楽を楽しむでしょう。新しいエルサレムには暗闇がなく、私たちは眠る必要もありません。これらのことを以前にも述べたことがあると思いますが、覚えておいてほしいのです。

　　私の質問は、「もし今日イエスが来たなら、あなたとあなたの大切な人たちはどこにいるでしょうか？」ということです。新しいエルサレムでイエスと共にいるのか、それともサタンと一緒に取り残され、人類史上最悪の時期に直面するのか。これは聖書の言葉であり、事実です！

　　最後にいくつかの思いを共有します：　1.）地球は私の一時的な住まいであり、新しいエルサレムは私の永遠の家です。　2.）旧約聖書と新約聖書の預言は、イエスについてです。　3.）キリスト教徒は「恐れ」を持たずに生きます。なぜならイエスがここにいるからです！ 4.）　私たちの「希望」は、イエスが携挙で私たちを迎えに来て、すぐに私たちを家に連れて行ってくれることです。5.）　天使と人間は新しいエルサレムで共に生きるでしょう。6.）　イエスがいなければ、私たちはどこにいるのでしょうか？ 7.）　新しいエルサレムは神の傑作となるでしょう！

　　コリント人への第二の手紙 5:1 は、私たちは今少しの月々の家賃を支払っているに過ぎませんが、まもなく、その権利書つきの大邸宅を持つことになると教えています。それ以上の支払いは必要ありません。

　　黙示録 21:10：「そして彼は私を霊に運び、大きく高い**山**（新しいエルサレム）に行かせ、天から神から下ってくるその大きな町、聖なるエルサレムを私に示しました。」

　　ヨハネによる福音書 14:1-3 これは通常、葬儀の際に唱えられます。**「心を騒がせてはいけません。神を信じ、また私を信じなさい。父の家**（新しいエルサレム）**には多**

くの住まいがあります。もしそうでなかったなら、あなたがたに伝えたでしょう。

　私は（イエス）あなたがたのために場所を用意しに行きます。そして、私が行ってあなたがたのために場所を用意したなら、『私は』再び来て、（ラプチャー）あなたがたを私のもとに迎えます。私のいるところに、あなたがたもいるためです。」

　黙示録　3:12　「**罪に打ち勝つ者には、わたし**（イエ**ス）はわたしの神の宮の柱にしてあげよう**（生まれ変わったクリスチャンは聖霊を宿し、わたしたちは神の宮となる）、**そして彼**（聖霊）**はもはや出て行くことはない**（いったん救われた者は永遠に救われる）、**そしてわたし**（イエス）**は彼にわたしの神の名を書き記す。それは新しいエルサレムであり、それはわたしの神から天から下ってくる。そしてわたし**（イエス）**は彼にわたしの新しい名を書き記す。**」イエスには、イェシュア、キリスト、メシア、インマヌエル、贖い主、偉大なる医師など、たくさんの名前があります。イエスは私たちに新しい名前を与えてくださいます。それはヘブライ語かもしれません。

　真珠の門は非常に大きく、宝石の女王です。

　それらは生成過程で有機的で、虹のような色で見られます。これは、各門に異なる色の真珠がある可能性があることを意味します。**真珠**と**ダイヤモンドは**、他のどの宝石よりも魅力的です。門は、それぞれイスラエルの12部族の名前が付けられています。楽園の各側には3つの真珠の門があります。

　それらは中央から外側に向かって開き、ジャスパーの石の壁に固定されます。美しい複雑な彫刻を想像できます。丸ごとの真珠が門になるのは想像できません。おそらく一キュビットほどの厚さにスライスされているのでしょう。

　これらの12の宝石は、ユダヤ教の大祭司の胸当てにも見られます。これは、神が荒野の間、ユダヤの幕屋の周りに特定の部族を配置した理由があったことを思い起こさせます。丘や山から見ると、部族が大きな十字架を形成しているのが見えます。宝石の順序は『黙示録21章』とは一致しません。しかし、私はそれが新しいエルサレムの各側面にある三つの門と一致する可能性があると思います。美しく精巧な彫刻を想像できます。

　あなたの名前が「子羊の命の書」に記されている限り、この門を通ることができます。また、各門には天使がいます。彼らは街を守るためではなく、すべての人を迎え入れ、質問に答えるためにいます。

　どんな場合でも、彼らは美しく魅力的です！ 2018年、アムステルダム・パール・ソサエティは、当時世界最大の真珠である「眠れるライオン」をオランダのハーグでのオークションで37万4千ドルで販売し、日本の商人から購入しました。

　その重さは約5.4オンスで、長さは約2.75インチでした。その価値を考えると、新エルサレムの門全体を構成できるほど大きな真珠の価値を推定するのは驚くべきことです！

　そして、すべての十二の門がそれぞれ真珠でできていることを考えると、その価値は著しく増します。

　金は私たちの惑星で最も価値のある金属です。新しいエルサレムでは、神は御国全体に純粋で透明な金を作り、通りさえも透明な金になります。

　この通りのもう一つの名前は「聖なる道」です。神の栄光の光はガラスのように輝きます。

　人々は何千年もの間、北極星としても知られるポラリスの星を利用してきました。それは地球の自転軸に近いため、常に北を指します。ポラリスはその星座の中で最も明るい星であり、北天極、つまり地球の北極の真上にある空の点に最も近い明るい星です。これが、しばしば航海の目印として使われる理由です。

　また私たちの銀河系には「大きな穴」も見つかっています。おそらく第三の天国から来たと思われます。この穴はほぼ十億光年にわたる大きさです。これはブラックホールではなく、密集した物質の小さな球体でもありません。

　代わりに、この穴はほとんど星やガス、その他の通常の物質がなく、また宇宙に遍在する神秘的な「暗黒物質」も奇妙なほど存在していません。ヨブ記 26:7: 「神は北の空を虚空に張り、地を何もないところにかけられる。」

　私は、神がこの穴を創造し、新しいエルサレムを地上の視界に降ろすためである可能性が非常に高いと信じています。神はノアの箱舟を導いたように、それを導いてくださるでしょう。これはまた天国への狭い道なのでしょうか？ 天使や「バプテスマを受けたクリスチャン」が通る道でしょうか。

　サタンは私たちに北極のサンタクロースを見上げるように言います。サタンがすべてを偽造する方法を見てください。世界中に地獄へ通じる多くの道があります。私は神が「楽園」を地球の近くに、もしかすると千年期の間に下ろすかもしれないと信じています。

　その幅、高さ、重さのため、新しいエルサレムが地上に置かれるとは思えません。私は本当にそれが地球の上空に浮かんでいると考えています。新しいエルサレムは私たちの月より少し大きいです。

　私たちの大気は約7マイルの高さまでしかないことに気づいていますか？ （第一天）新しいエルサレムは1,500マイルの高さになります！

　神が新しいエルサレムを下ろすときに、どのような物流を管理されるか想像できますか？　神は全知全能で、数学的であり、天の創造者です。

　天体を見ると、それらは立方体状ではなく球体です。神の家（新しいエルサレム）が透明な球体（球）で囲まれていて、宇宙を移動する際に保護され、内部で重力を保持し、呼吸もできるという考えが私は好きです。「命の川」は重力なしでは実現できません。このようにして、真珠の門は宇宙を移動している間も開かれることが可能です。

　神がこの地球を作る際の物流を見てください。この地球は何にも付属していません。減圧や環境といった言葉が思い浮かびます。

　第2天には何百万もの銀河があり、神はそれらを完璧な場所に配置しました。神はそれぞれの名前や、私の頭の髪の本数さえも知っています。私の脳は今、煙を出しています！

　第2天の上から新しいエルサレムまで光の速さで移動するのに、10万年かかることに気づいていますか？　私は肉体から離れて主と共にいるのが好きです。神が太陽を創造したときに何をしたかを見てください。興味深いことに、太陽を満たすのに地球が100万個も必要です。銀河の中には、私たちの太陽よりもはるかに大きな多くの星（太陽）があります。

　千年期の間、私たち「再生クリスチャン」は、新たに復活した体で新しいエルサレムに住み、場合によってはこの地上で神の働きを行うこともあります。

　イエスは、弟子たちの前に現れ、手足にある傷跡を示し、閉じられた部屋に現れたことを私たちに示しました。その後、彼は弟子たちの目の前で消えました。

　また、ピリポがカイザリヤへ運ばれたときにもこれが見られます。使徒の働き 8:38-40 。パウロとヨハネも共に「第三の天」に引き上げられました。

　私たちは思考によって旅することができるかもしれません。それをテレポートと呼びましょう。テレポートとは、空間と距離を瞬時に越えて移動することを意味します。これはスター・トレックの話のように聞こえます。私たちが携挙されるとき、新しい栄光に満ちた身体で、神が天と地を創造される前に与えられたDNA、染色体、遺伝子を持って、新しいエルサレムへと運ばれるでしょう。これも新しいエルサレムの中で移動する方法かもしれません。私たちはヘブライ語を話すのでしょうか？

　地球から空を見上げ、12の美しい色を放つ巨大で光り輝く水晶の球体を見たら、想像できますか？

　これはまた、七色の虹を持つ彼のことを思い出させます。"ROYGBIV"が何の略か知っていますか？ 虹の色は赤、橙、黄、緑、青、藍、紫で、一般的に略語ROYGBIVで呼ばれます。

　黙示録21:23：「**そしてその中には、太陽も月も光を必要としなかった。神の栄光がそれを照らし、子羊がその光であったからである。**」地上において、イエスは言われました、私は世の光であると。（ヨハネ8:12）

　私は新しい家のポーチからの景色を想像せずにはいられません。そこで、私は『命の川』をそのすべての栄光の中で目にすることを望んでいます。

　あの川をゆったりと下っていくときの喜びを思い浮かべてください。ハレルヤ、そしてイエス様、ありがとうございます！

　新しいエルサレムの最も栄光ある側面は、その物質的な豪華さではありません。最も素晴らしい部分は、神が人々の間に住まわれることです。

　すべての信者はすでに天の市民であり、地上にいる間は、異国の大使のような、王を地上の人々の間で代表する旅人であり、寄留者にすぎません。

　大患難時代の終わりは、イエスが羊（新生クリスチャン）を山羊（イエスを信じない者）から分け、山羊たちはサタンと堕天使たちと共に地獄へ送られる千年期の始まりとなります。その時、地はエデンの園となり、イエスを信じる者はここに千年間とどまり、多くの子供を持つでしょう。イエスは万王の王、万主の主であり、鉄の杖で地を治めます。「杖」は羊飼いの杖であり、イエスが国々の王であり羊飼いであることを示しています。国々を壺のように打ち砕くイメージは、イエスによる彼らへの最終的な裁きを象徴しています。詩篇2:9、黙示録2:27、12:5、19:15。

　これらの世紀に生まれた人々は、イエスを自分の救い主として受け入れる「自由意志」を持つでしょう。イエスは「全知」であるため、イエスを信じることを拒む者たちを知っておられ、彼らは早く命を終え、地獄に送られるでしょう。これは、ルシファー（サタン）が自由意志を使ったことを思い出させ、そして彼に何が起こったかを見てください。これは私たちの生活環境によるものではありません。私たちの自由意志によるものです。

第20章

門と基礎の新しいエルサレム

ヨハネの黙示録21章10節で、私たちはこう告げられています。「そして彼は私を霊に導き、非常に高い山に連れて行き、そこに見せてくれたのは、神から天より降りてくる大いなる都、聖なる新しいエルサレムでした。」

立方体は「山」と呼ばれることはありませんが、**ピラミッド**なら呼ばれるでしょう！ これは神の言葉です！

さて、新しいエルサレムの天においては、それぞれの基礎に一つの門があるかもしれません。私たちは、イエスが全地で王の王、主の主となるとき、このエルサレムの東の門から入られることを知っています。この門は、二千年前にイエスがロバに乗って彼らの王となるために入城して以来、閉ざされていました。彼の民は彼を拒んだのです。

新しいエルサレムの第12の門は、主要な真珠の門がある場所であり、おそらく東側にも位置しています。ここは、イエスが父の家に入るよう招く人間たちの名簿です。ここで、私たちは父、子（イエス）、そして第12章で書いたすべての座を見ることができます。ここで、彼らは自分の名前が子羊の命の書に記されているのを見るかもしれません。この名簿に名前がなければ、中に入ることはできません。

　　各基盤の門についての追加の考えをいくつか挙げます。門10と門11も東側にあるかもしれません。門7、門8、門9は南側にあります。門4、門5、門6は西側にあり、門1、門2、門3は神の家の北側に位置しています。

　　門はルベンなどのユダヤ人の「部族」にちなんで名付けられ、土台はアンドリューなどのユダヤ人の「使徒」にちなんで名付けられています。

　　イエスが万王の王、万主の主である以上、私は12人のユダヤ人の使徒が「新しいエルサレム」の各土台の王になると信じています。

　　これの方が私にはずっと理にかなっているように思えます。各土台の高さは125マイルです。これはこの件についての私の考えに過ぎません。

　　私はこの本の中で何度も繰り返し書いてきたことを自覚しています。しかし、28年間の指導経験から、繰り返すことが学ぶ最良の方法であると教わりました。

　　あなたが永遠にどこで過ごすかについて、もっとよく知っていることを願っています。私たちは驚くべき、愛にあふれ、赦しに満ちた神に仕えています。

　　カルバリーの十字架で私たちの罪の全ての代価を支払ったイエスは、父なる神の家（新しいエルサレム）への唯一の扉です。この慰めとなる真実は私たちを安心させてくれます。私たちは"すべて"の罪をイエスに悔い改め、彼（聖霊）を心に迎え入れなければなりません。

　　これは単なる選択ではなく、私たちの信仰の証です！これを行うとき、私たちは"再生したクリスチャン"となり、名前は新しいエルサレムの真珠の門にある"子羊の命の書"に記されます。

　イエスは間もなくご自分の教会のために来られます。世界中で七年間の大患難期間の兆候がますますはっきりとしてきています。私たちは聖書に預言されている通り、否定できないほど終わりの日にいます。これは遠い未来の話ではなく、私たちが今生きている現実です。

　私は、イエスがご自分の花嫁（新たに生まれたクリスチャンたち）を人類史上最悪の時代に通らせるとは信じていません。例えば、ノアの洪水の時に彼と家族を救ったように、またソドムとゴモラからロトを救い出したように、私たちをお導きになるでしょう。

　私は今、思ったのですが、新しいエルサレムは囲まれているので、真珠の門は通気口としても使えるかもしれません。もう一つの考えは、各門の前に球体の中にスターゲートがあるかもしれないということで、人々は両方向に通ることができるということです。この本に書かれている多くのことについて間違っているかもしれませんが、それについて考えるのは楽しいです！

第21章

三つの感動的な物語

人が昏睡状態にあるとき、彼らはあなたの話を聞くことができます。

最初の物語

この新しいエルサレムに関する情報を残す前に、皆さんが興味を持つかもしれない三つの話を紹介したいと思います。最初の話：海軍医療兵として、私の最初の現役勤務先はカリフォルニア州ベイエリアのオークランド海軍病院でした。

病院はベトナムで戦闘中に負傷した若い少年たちでいっぱいでした。手足を失っていたり、ナパーム弾や手榴弾の破片による火傷などがありました。私はICUで働いていました。仕事初日、病棟医師は私に、私たちの死ぬ前に最後に機能が停止する臓器は聴覚であると教えてくれました。患者たちはあなたが言っていることを聞くことができるので、彼らの周りで話す内容には注意するように、と。私はキリスト教の家庭で育ったので、人々はイエス・キリストの福音を知り理解する必要があることを知っていました。自分の罪を悔い改め、イエスを心に招くことが大切なのです。私は何について祈ればよいかを知っていました。神は誰も地獄に送りたいとは思っていません。ですからこれは、これらの若い少年たちに福音を聞く時間を与え、死ぬ前に最後の選択として悔い改め、イエスを心に招く機会を提供することです。私は話すようにインスピレーションを感じたときにだけこのメッセージを伝えました。少なくとも一人の人を助けられたことを願っています。あなたはこの話を覚えているかもしれません。なぜなら、あなたの愛する人が昏睡状態にあり、死の床にあるかもしれないからです。この世でイエスのために魂を救うことほど素晴らしいことはありません。

<u>イエスは冥界で三日間過ごした</u>

二階

十字架の上の盗人は、最後の瞬間に救われ、イエスは彼を地獄の区画である冥府の楽園に連れて行きました。この情報は私たちの聖書から来ていますので、どうか一緒に考えてください。**絵はクラレンス・ラーキンによるものです。**

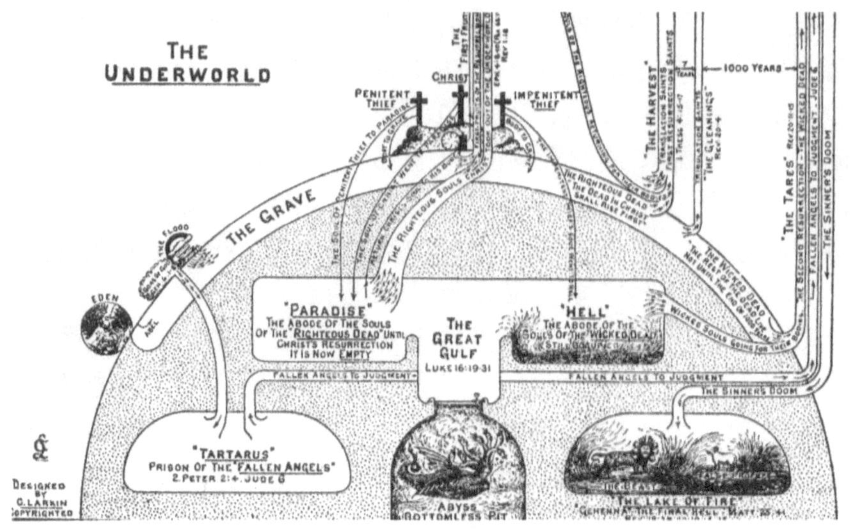

多くの人々が、イエスが十字架にかけられた後、三日間地獄にいたことを信じるのに問題を抱えています。この件について聖書が何を語っているか見てみましょう。事実として、天国と地獄は私たちの住んでいる家と同じくらい現実です。

聖書によると、黄泉の国には五つの異なる部屋があります:

1.) 「楽園」
・ アブラハムの懐。

2.) 地獄
・ 英語での名前です。ヘブライ語では「シェオル」と呼ばれ、ギリシャ語では「ハデス」と呼ばれます。

3.) 「無底の穴」
・ ルカ16:19-31。

4.) 「タルタロス」
・ ペテロ第二2:4、ユダ6。

5.)　「ゲヘナ」
・　火の湖とも呼ばれます。（これは第二の死と呼ばれる場所です）
・　マタイ25章、黙示録19:20、20:10。これらの場所は罰の度合いの違いを示しています。神は「**正義**」のみならず「**公平**」でもあります。神は罪を裁き、義を授ける必要があります。イエスに信仰を置き、この世界の事柄ではなく、イエスに信頼しなさい。

　　冥界には「楽園」と呼ばれる部屋があり、それには理由があります。そこには異なる月ごとの実をつける「生命の川」や「生命の木」があったかもしれません。この木はエデンの園でも言及されていました。そこには暗闇が決してなく、神がその光だからです。

　　地獄にいる罪人は、見上げると天国への入り口を見ることができ、果物を食べ水を飲んでいる人々を見て、彼らが神を賛美し歌っているのを聞くことができました。聖霊はルカに、聖書に次の話を書かせたのには理由があります。それは「金持ちとラザロ」と呼ばれています。これは「天国」が地獄にあることを証明するためです。そうでなければ人々は信じません。これは神の言葉です！　（KJV）

　　ルカによる福音書 16:19～31 「**ある金持ちが紫の衣と上等な麻布を身にまとい、毎日ぜいたくに宴を開いていました。その門の前に、ラザロという名の病気におおわれた貧しい者が横たわっており、金持ちの食卓から落ちるものを食べたいと望んでいました。さらに、犬までもが来て、彼の傷をなめました。**（犬はラザロに愛を示したのです。）**その貧しい者は死に、天使たちによって天国に運ばれました。**

（アブラハムの懐にて）。その金持ちも死んで葬られ、ハデスにあって苦しみの中で目を上げると、遠くアブラハムを見、彼のそばにラザロを見た。（良い視力）そして叫んで言った、「父アブラハムよ、（どうして顔と名前を知っていたのか？ アブラハムは紀元前1822年に亡くなっている）私を憐れんで、ラザロに指の先を水に浸して私の舌を冷やすように送ってください。私はこの炎の中で苦しんでいます。」

（地獄）しかしアブラハムは言った、「子よ、あなたの生前は良いものを受けていたことを思い出しなさい。そしてラザロは同様に悪いものを受けていたが、今彼はここで慰められており、あなたは苦しんでいる。そしてこのすべての上に、あなたと私たちの間には大きな深淵が固定されており、（底なしの穴への開口かもしれない）ここからあなたの所に行こうとする者は行くことができず、向こうから私たちの所へは誰も渡ることができない。」

そして、金持ちの人は言いました。「どうかお願いいたします、父よ（ユダヤ人の父よ）、ラザロを私の父の家に送ってください。私は五人の兄弟がいるので、彼に彼らに警告させてください。そうすれば、彼らもこの苦しみの場所に入らないようにすることができます。」しかしアブラハムは言いました。「彼らにはモーセと預言者たちがいます。彼らの言うことを聞かせなさい。」

そして彼は言いました。「いや、アブラハムの父よ、しかしもし死者の誰かが彼らのもとに行けば、彼らは悔い改めるでしょう。」（モーセは紀元前1571年に生まれ、紀元前1451年に120歳で亡くなりました。この話はエジプトの時代に起こった可能性があります。その当時、モーセ以外に預言者がいたかどうかは知りません。）

地獄にいる金持ちの人でさえ、まだ彼の魂と霊を持っていたことに気づいてください。（愛する人への感情）

地獄の炎は誰も消滅させません。ご覧の通り、ほとんどの人は地獄にいても愛する人の記憶を持っているでしょう。滅びに至る門は広く、道も広いので、多くの人がそれを通ります。しかし、命に至る門は小さく、道も狭いので、わずかの人しかそれを見つけません。マタイによる福音書7:13〜14。

　聖書は天国についてよりも、地獄について二倍も多く語っています。

　アダムとエバが罪を犯したとき、彼らは「霊的に死んだ」状態となり、彼らのせいで、この世に生まれるすべての人も霊的に死んだ状態となりました。（神からの分離）イエスは天の御座（新しいエルサレム）を離れ、人間となる必要がありました。イエスはまた、完全に神でもあります。彼は遍在されています。詩篇139:7〜8「**わたしはあなたの霊からどこへ行きましょうか。あなたの前からどこへ逃れましょうか。もしわたしが天に昇っても、あなたはそこにおられます。もし陰府に［地獄に］寝床を設けても、見よ、あなたはそこにおられます。**」

　カルヴァンとマルティン・ルターは宗教改革の二人の最も優れた学者でした。彼らは二人とも、イエスが十字架で死んだ後、三日間地獄（パラダイス）に下ったと信じていました。イエスは十字架上の強盗に、今日あなたはパラダイスにいると語りました。

　アダムとイブの時代からイエスの復活までの四千年間、「唯一の真の神」を信じる人々は、自分の罪を悔い改め、子羊のような清い動物をささげ、その血を祭壇に振りかけました。

　彼らが死ぬと、天使が彼らを冥界の楽園に連れて行きました。

　イエスが処女の母から生まれ、一度も罪のない生涯を送り、人々の「すべて」の罪を赦すためにその完全な血をささげるまで、誰も天国に行くことはできませんでした。イエスの罪のない血を信じなさい。「それは力強いです!!!」

　　　マタイによる福音書 12:40:「ヨナが三日三晩大魚の腹の中にいたように、人の子（イエス）もまた、地の心（地下世界）に三日三晩いるであろう。」

　　　使徒行伝 2:27:「あなたはわたしの魂を陰府に捨てず、聖なる者を朽ちることを見させないからである。」イエスは、パラダイスと呼ばれる部屋にいました。

　　　エペソ人への手紙 4:8〜10:「だから、彼は、’天に昇られたとき、捕らわれを捕らえて、人々に賜物を与えられた’と言われる。（今、彼が昇られたなら、まず地の下の部分（地下世界）に降られたこととは何であるか。（降りた者は、すべての天に上って、万物を満たすための同じ者である）。）」（預言）　まず、イエスは三日間地下世界に降りた。そして、その後、死から再び命に復活するために昇天した。イエスはすべての正しい魂・霊をパラダイスから引き出して贖った。

　　　イエスはアダムとイブの時からすべての罪のために死にました。40日後、地上でイエスは天国にいるすべての人々を携え、父の家である『新しい楽園』（新エルサレム）へと連れて行かれました。

　　　そしてイエスが『成し遂げられた』と叫んだとき、彼は霊を渡されました。その瞬間、宮の幕は上から下まで裂けました。（マタイによる福音書27:50〜51）

　　　テサロニケ第一 4:13:「兄弟たち、眠っている人々のことについて、あなたがたが知らないで悲しまないように、望みのない人々のように悲しまないために、知っておいてほしい。もし私たちがイエスが死んで復活されたと信じるなら、彼らもまたイエスのうちに眠っているが、神は彼らをイエスと共に連れて来られる。」（携挙）

　聖書は、底なしの穴やタルタロスの部屋は非常に暗いと述べています！　しかし、地獄や火の湖はその火からわずかな光を与えます。

　イエスがそこに現れたとき、楽園にいた人々、例えばアダムとエバ、セト、メトセラ、ラメク、ノア、シェム、ヨブ、ダニエル、イザヤ、イサク、エゼキエル、モーセ、アブラハム、ヤコブ、ヨセフ、ヨナ、そしてダビデ王といった人々を考えると、私をわくわくさせるのは、私たちもイエスやこれらの人々と共に永遠に過ごせるということです。

　私たちは聖書にはないイエスについての話を聞くでしょう。天国は決して退屈になることはありません！

　イエスは、エノクやエリヤを含むすべての霊の聖徒を冥界から携挙しました。イエスは、もうすぐ「新生クリスチャン」のために来られます。あなたが準備できていることを願います。

　未来に直面する方法は二つだけです：恐れか信仰です。恐れとは、ヨハネの黙示録20章13〜15節にある「第二の死」で見られるものです。子羊の命の書に名前が記されていない者は誰でも、火の湖に投げ込まれます。サタンに従った堕天使の三分の一も、この巨大な穴に投げ込まれるでしょう。

教会の携挙の近づく日

第三章

私がこれをどのように展開するかを見たのは次の通りです。父なる神は御子にこう言われます。「イエスよ、あなたの花嫁を迎えに行きなさい！」イエスは天にいる「すべて」の聖徒たちを呼び集めます。これには私の母、父、妻、娘、兄弟、そしてイエスの隣の十字架の上の盗人まで含まれます。彼らは「皆」イエスに従い、イスラエルの上の地に下るでしょう。イスラエルは常にエデンの園と神の創造の聖なる地であり続けました。これは<u>使徒の働き1:11</u>で予言されました。**「ガリラヤの人々よ、なぜ天を見上げて立ちすくんでいるのですか？　この同じイエスは、あなたがたのために天に取られた方であり、あなたがたが天に昇るのを見たように、同じ方法で来られるでしょう。」**イエスは、彼らに新しい栄光に満ちた体を受け取らせるために降りてきています。

　　私は疑いなく、すぐに訪れる教会の携挙に参加することを知っています。それは私の行いとは全く関係がなく、私の「<u>自由意志</u>」を使って自分の「多くの」罪を悔い改め、聖霊（イエス）を心に迎えることだけが関わっています。私は神が「<u>全在、全知、全能</u>」であると信じています。神は私たちの心を知っていますし、人々が神の言葉を単に保険のように使うなら、神は彼らの心を知るでしょう。

　　あなたは、神が地の基が据えられる前から私たちを選んでくださったことを知っていますか？　神は私たちの体、魂、霊をあらかじめ定められました。

　　彼は地上の“すべての”　“<u>再生クリスチャン</u>”を空の彼のもとに呼び寄せ、テレパシーを通じて彼が私たちの救い主、イエス・キリストであり、恐れることはないと伝えるかもしれません。皆さんに平和がありますように！

　　イエスはこう言うかもしれません。「皆さんに新しい栄光に満ちた体を与えましょう！」そして彼はすべてのDNA、遺伝子、染色体を呼び寄せ、それらに新しく栄光に満ちた体を与えるかもしれません。そして、一瞬のうちに、彼らはイエスと共に天の新しいエルサレムにいるかもしれません。

イエスはついにすべてにおいてすべてとなります。彼は命のパン、命の水、善き牧者、世の光、戸、万軍の主、義の子、花婿、アルファ、オメガとしての定められた役割を果たします。

私の人生は、三つの力強い言葉に導かれています：「悔い改めて招き入れる」。私は自分の行動に責任を持ち、人間の性質と葛藤してはなりません。私たちは皆、人生の中で多くの悪い選択をしてきました。私の双子の兄弟ロンと私は、12歳のときに自分たちの罪を悔い改めました。しかし、それでも私はまだ罪を犯しました。1969年に結婚した後、私は本気になり、自分の人生をイエスに捧げ直し、悔い改め、イエスを心に招き入れました。それでも私は罪を犯します。時には、悪人が殺されればよいのにと思うこともありますが、それも罪です。私たちは彼らがイエスを受け入れるように祈る必要があります。これは神が私たちと天にいる天使たちに与えた、深遠な「自由意志」の行為であり、彼を唯一の救い主として選ぶことができるのです！

神は天国を御使いたちのために、そして新しいエルサレムを人間たちのために永遠に創造されました。イエスは私たちをとても愛しておられ、私たち一人ひとりとご自身の家を分かち合いたいと望んでおられます。私は、もしイエスを「パパ」と呼んでも気になさるだろうかと思います。これは主の祈りを思い出させます：「天におられる私たちの父よ。」

神は永遠に私たちの礼拝に値します。神がいなければ、私たちは永遠に「火の湖」で仕えることになります。

私たちの完全な人生は、自分の「自由意志」を使って罪を悔い改め、イエスを心に迎え入れる能力を試してきました。それはとてもシンプルです！　結果はたった二つの場所のどちらかであり、どちらも非常に現実的です！永遠の天国か地獄かです。本書を通して私はこれを述べてきました。私はあなたが今日、人生をイエスに向け、近い将来私と共に天国に行くことを祈ります。

第22章

聖書の予言の確率の
計算とは何か

私たちの贖いの物語は、イエスの処女生誕に始まり、十字架での死、埋葬、および復活にその基盤を見いだし、キリストが私たちを天の新しいエルサレムへ連れて行くために現れるときに頂点に達します（携挙）。私は特に神の言葉の完全性を意識しています。なぜなら、救い主の誕生の物語の中で、イエスが地上にいる間に成就した多くの預言の始まりを見ることができるからです。聖書が神によって霊感を受けたものであるという私の確信は、成就した預言を含むこれら四つの真理に基づいています。

　1.イエスの死からの復活。もしイエスが死者からよみがえったなら、私たちはイエスが語ったすべてのこと、言ったことを信頼することができます。これには、旧約聖書の聖典の確認や、弟子たちへの将来の啓示の約束（ヨハネ16:12-14）も含まれます。　2. 予言の驚くべき成就。イエスが最初の来臨だけで成就した驚くべき数の予言を考えると、私たちが聖書で読む言葉を信頼しないわけにはいきません。予言の驚異的かつ超自然的な成就は、神の言葉の完全性と私たちへのメッセージをも確認させます。3.聖霊の内なる証し。私は聖書を信じる家庭で育ち、覚えている限り、聖書で読んだことが真実であるという一貫した内的確信を持ってきました。これは決して私自身や両親によるものとは認めず、聖書の真理を私の内に絶えず証する聖霊の働きによるものだと考えています。4.聖書の著しい一貫性と統一性。1,500年以上の間に多くの人間の著者によって書かれたにもかかわらず、聖書のメッセージの統一性と結束は奇跡的であり、それ以外に言い表す方法はありません。創世記から黙示録の終わりまで、一貫したメッセージはイエスを私たちの救い主であり王として指し示しています。上述したどのトピックについても詳細に書くことはできますが、ここではまずイエスが地上に初めて現れた際に成就した予言の素晴らしい実現に焦点を当てます。

　テキサス州が銀貨で深さ二フィート覆われていると想像してみてください。もしテキサス州で運転する時間を過ごしたことがあるなら、これは非常に多くの銀貨であることに気づくでしょう。テキサス州は広大な州で、面積ではアラスカに次ぐ二番目で、26万8千平方マイル以上を占めています。

　誰かが州内のどこかに、赤く塗られた銀貨1枚を、他の何兆枚もの銀貨の中に置いたとします。目隠しをしている人がテキサスに入って、その赤い銀貨を初めての試みで拾う可能性はどれくらいでしょうか？その確率は非常に低く、実際上は存在しないと言えるでしょう。パサデナ・シティ・カレッジの数学・天文学部門の元学部長、ピーター・W・ストーナーは、その可能性を10の17乗と見積もりました。「これは成就した予言と何の関係があるのでしょうか？」説明しましょう。ストーナー博士はロバート・C・ニューマンと共に『科学が語る』という本を

書き、イエスの誕生、人生、死に関して、歴史上の誰かが
たった8つの重要な予言を成就させる可能性を計算しまし
た。

1. ベツレヘムでのイエスの誕生、ミカ書 5:2; マタイ
    2:1-6。
2. イエスの公の働きのために道を準備する者。旧約
    時代の最後の預言者マラキはこう書いた。「見
    よ、わたしはわたしの使者を遣わし、その前に道
    を備える」（マラキ　3:1）。ヨハネによる洗礼者
    はこの言葉を実行し、人々に悔い改めを呼びか
    け、イエスを『世の罪を取り除く神の小羊』と告
    げた（ヨハネ 1:29）。
3. イエスがロバに乗ってエルサレムに入る、ゼカリ
    ヤ 9:9 および マタイ 21:1-10。
4. 親しい友人によるイエスの裏切り。旧約聖書は、
    イエスが友によって裏切られることを予言してい
    ます。ゼカリヤ書13章6節では、彼に「友の家」
    で加えられた傷について語られています。詩篇41
    篇9節もまた、キリストが「親しい友」によって
    最終的に裏切られることに言及しています。
5. イエスを裏切るために支払われた銀貨三十枚。ゼ
    カリヤ書11章12-13節およびマタイ26章14-15節。
6. ユダが銀貨三十枚を主の家に投げ返す。ゼカリヤ
    書11章13節、マタイ27章3-9節。
7. 自分の命をかけての裁判中のイエスの沈黙。イザ
    ヤ書53章7節は、「彼は虐げられ、苦しめられた
    が、口を開かなかった。屠殺に連れて行かれる子
    羊のように、毛を刈る者の前で黙っている羊のよ
    うに、彼は口を開かなかった」と言っています。

マタイによる福音書26:57-66を参照してください。8. イエスの手と足の貫通。詩篇22:16は、イエスの死の方法についてこのように述べています。「犬が私を取り囲み、悪者の群れが私を囲む。彼らは私の手と足を貫いた。」驚くべきことに、ダビデは十字架刑という処刑の形態が存在する何世紀も前に、イエスの十字架刑による死を正確に予言していました。預言者たちがイエスの誕生、幼少期、そして十字架上での死に関してこれほど正確であり得たことが、いかに驚くべきことであるか分かりますか。イエスが弟子たちを呼び始めたとき、すでに旧約聖書に書かれていた多くのことが成就していました。全体として、イエスは旧約聖書の48の具体的な予言を成就しました。これは偶然であることは到底あり得ません。

私たちは、ユダヤ人と世界にとって最後の日々がいつ始まったかを知っています。それは1948年5月14日でした ― 私たちはこれが時計が刻み始めた時だと信じています。イエスはこう付け加えました。「まことに、あなたがたに言います。この『世代』は、これらのすべてのことが起こるまで、決して過ぎ去らないでしょう」（マタイ24:34）。私は今日のイスラエルでほとんどの人が何歳で亡くなるかをグーグルで調べました。私が見つけたのは82.1歳でした。1948 + 82 = 2030。私たちはまだ7年間の大患難の期間を見ています。私は、教会の携挙の前に前携挙があると信じています。私たちは確かに最後の日々にいます！ あなたは準備ができていますか？

第23章

ユダヤ人は世界に祝福を
もたらしてきました

今日、世界のユダヤ人のほとんどはキリスト教徒ではありませんが、私たちは彼らを裁くべきではありません。それは神によって処理されます。聖書によれば、私たち異邦人は、終わりの時に私たちの信仰と行いによってユダヤ人を嫉妬させることになります。

ユダヤ人は、私たちに聖書と唯一の救い主であるイエス・キリストをもたらす上で重要な役割を果たしてきました。宇宙の王、王の王、主の主であるイエス・キリストは、彼らの貢献の証です。

ユダヤ人の母から生まれたすべての子供はユダヤ人と見なされます。しかし、特定のユダヤ部族に属するかどうかは父親から受け継がれます。DNA検査を受けたり、ヘブライ語の系譜で姓を調べたりすることで、自分がユダヤ人かどうかを確認できる場合があります。メシアが来ると、あなたがどの部族（基盤）に属するかを知らせてくれます。

　先月『レビットレター』で読んだところによると、ユダヤ人は自分たちの家族の系譜を3,000年にわたって専門的に記録しており、今日でもラビたちはこれらの書類を持って利用できるそうです。

　あなたは、聖書の聖句によると、私たちの地上での短い未来に九つの戦争が訪れることを認識していますか？例えば、エゼキエル38章、詩篇2篇、テモテへの第二の手紙3章、マタイ24章、ルカ21章です。それぞれが100％確実に起こります！

　エルサレムは今日、歴史的であり、霊的な重要性を持っています。常にユダヤ人の人々の心臓部であり続けてきました。私たちは、パレスチナ人がエルサレムとオリーブ山を主張しようとしているのを目にしています。これにより、彼らの支配下にハマスのようなグループが置かれることになります。

　エゼキエル38章が書かれてから三千年が経ちました。

　エジプトも関与せざるを得ず、トンネルを通じてイスラエルの敵に戦争物資を援助しました。

　この預言はまもなく実現しようとしています。詩篇2篇もまもなく成就されます。私たちは終末の時代に生きています。今日、私たちは神がイスラエルとユダヤ人を守る手を見ています。多くのユダヤ人が殺されるでしょうが、彼らは決して土地やその民を失うことはありません。これにより、7年間の「平和と安全の条約」が結ばれます。これは7年の大患難の期間として知られることになります。私たちは今、その影に生きています。

　イエスがあなたのために十字架上で死んだとき、どの罪を彼はあなたの代わりに背負わなかったのでしょうか？どの救済を彼は果たさなかったのでしょうか？イエスは「全知」であるため、彼は言われました。「成し遂げられた」。彼が残した罪は一つもありません!

　時が近づいており、誰も日付に手を出すことはできず、またすべきではないとはいえ、預言のパズルのピースは急速に揃いつつあります。

　ユダヤ人のために祈り、ユダヤ人に証ししてください。あなたは144,000人のうちの一人を選ぶことになるかもしれません!

　私はこの章を、レヴィット・レターからのユダヤンユーモアで締めくくります:レイチェルは仕事でよく旅行しました。飛行機に乗るととても緊張するので、いつも聖書を持ち歩いていました。読むことでリラックスできたのです。ある飛行機で、彼女は懐疑的な男性の隣に座りました。彼が彼女が聖書を取り出すのを見て、にやりと笑い、また自分のことに戻りました。しばらくして、彼は彼女に向かって尋ねました。「あなた、本当にその中のすべてのことを信じているんですか?」レイチェルは答えました。「もちろんです!」　「そうですか、じゃあクジラに飲み込まれたあの人はどうですか?」　「ヨナですね」とレイチェルは認めました。「彼はどうなるんですか?」　「あの人はクジラの中で長い間どうやって生き延びたと思いますか?」　「知りません」とレイチェルは認めました。「多分、天国に行ったら聞いてみます。」(ニュー・ジェルサレム)　「もし彼がそこにいなかったらどうするんですか?」とその男は皮肉っぽく尋ねました。「その時はあなたが聞けばいいじゃないですか」とレイチェルは答えました。

第24章

JDファラグ牧師による『救いのA-B-C』に関する説教

A　=　自分が罪を犯したことを認める。ローマ人への手紙 3:23

B = イエス・キリストを信じる。ヨハネによる福音書 3:16〜17

C = 公にキリストを告白する。ローマ人への手紙 10:9〜10

JDファラグ牧師は、通常、すべての説教をシンプルで子供のような救いの計画で締めくくります。私はこの本を彼の言葉で締めくくりたいと思います。私たちは共に人々をイエスに導き、イエスを人々にもたらしたいと思っています。イエスはすべての栄誉に値します！

　　非信者が信じて見上げる時が来ました。なぜでしょうか？ それは、時が来たからであり、私たちの贖いの引き出しが近いからです。私は心の底から、私たちが携挙に非常に近いと信じています。例えば、今日のリトル・イスラエルを見てください。

　　A-B-Cは私たちを装備させるための道具です。福音は単純明快です。神は今日、イエスを必要とする誰かを連れてくる特権を与えてくださっています。

　　最初のステップは、聖霊があなたを通して働くことを許すことです。人々は自分がイエスを必要としており、罪人であることを知る必要があります。そうでなければ、彼らは美味しいものに興味を持たないでしょう。自分は良い人間だと思っています。彼らではあまり長くは進みません。彼らはすでに「善人は天国に行き、悪人は地獄に行く」という嘘を持ち込んでいます。むしろその逆です。天国には悪人がたくさんいるだろうし、僕もその列にいる。地獄にはたくさんの善良な人がいるでしょう。これは実際に見るゲージではありません。それは良い人間であることとは関係ありません。<u>ローマ人への手紙3章10節</u> - 「書かれている通り、義人はいない、いいえ、一人も。」<u>ローマ人への手紙3章23節</u> - 「すべての者は罪を犯し、神の栄光に及ばない。」

　　今日こそ私たちにとって刈り入れの時です。証人となる機会を活かす必要があります。

　　もし彼らが自分たちが罪人であることを認めれば、自分たちの罪には罰があること—「<u>死の刑</u>」があることを受け入れやすくなるでしょう。

　　<u>ローマ人への手紙6:23</u>によれば、罪の報いは死です。あなたは神の律法を破ったので、死の刑に処されています。これが悪い知らせです。良い知らせはこうです：神の賜物は、天の新しいエルサレムにおけるイエス・キリストによる永遠の命です。彼らが何かをしたり、十分に善行を行ったり、十分に支払ったりすることではありません、何も！ すべては彼らのためにではなく、彼らの代わりに行われました。イエスは彼らに贈り物を提供しています。それはイエスが彼らの代わりにその流された血で購入したも

のです。今、彼らはイエス・キリストが心の中で主であることを信じる準備ができています。

　　あなたはイエス・キリストに信頼を置き、罪の赦しを求めなければなりません。そうすれば、その偉大で最後の日が来たとき、あなたはイザヤが『汚れた布』と呼ぶあなたの義の中でイエスの前に立つことができます。人々は私が良い人間であり、誰も殺していないと思っています。ごめんなさい、答えは間違っています。イエスは答えます、『なぜ私はあなたを新しいエルサレムに入れなければならないのですか？』私は『すべて』の罪のために代価を払ってくださったイエスに信頼を置いたからだ、と答えるべきです。イエスは言われます、『よくやった、良い忠実なしもべよ、入れ』

　　　　ローマ人への手紙 10:9〜10 「もしあなたが口で主イエスを告白し、心で神が彼を死者の中からよみがえらせたと信じるなら、あなたは救われるであろう。」　「人は心で信じて義とされ、口で告白して救われるのである。」

　　　　ローマ人への手紙 10:13 「誰でも主の名を呼ぶ者は救われるであろう。」

　　イエスが2000年前にこの世を去ったとき、彼は言われました。「成就した。」　今日イエスを信頼しなさい。彼はあなたに個人的な「無料の贈り物」を与えました。あなたはそれを受け取りますか？　これが福音と呼ばれます。

　　神はあなたをとても愛しておられるので、御子イエスを送り、十字架で血を流させて「あなたのすべての罪」を覆うことをされたのです。

　イエスは、自分の"自由意志"を使いました。なぜなら、永遠に天の新しいエルサレムであなたと共に歩きたいからです。あなたもまた、自分の"自由意志"を使って罪を悔い改め、イエスをあなたの心に迎え入れなければなりません。
―JDファラグ - 予言アップデート

　　ヨエル書 2:32 と 使徒行伝 2:21 は私たちにこう語っています、「主の名を呼ぶ者はだれでも救われる」。私が興味深いと思うのは、「だれでも」という言葉が「すべて」と同じ言葉であるということです。

　　ローマ人への手紙 10:13 - 「主の名を呼ぶ者はみな救われる」

第25章

神はすべてに臨在し、知り、力ある存在です

私はこの本のこの部分を次の強い思いで締めくくりたいと思います：これらの思いは、65年前に私がボーイスカウトだった時から持っていました。これは私の両親が私の兄弟たち全員に植え付けた基盤でした。私たちはスカウトの法則に従って生きることを学びました：信頼できる、忠実である、助けになる、親しみやすい、礼儀正しい、親切である、従順である、陽気である、倹約する、勇敢である、清潔である、そして敬虔である。私はこの分野に一生にわたる変化をもたらそうと思います。

　私の四人の兄弟は、神が父、子（イエス）、聖霊で成り立っていることを知っています。私たちは神、家族、国の順番で信じています。**これは、私が12歳のときに考えたことで、今も変わりません。**

1.) 神は「<u>全在</u>」- あなたが寝室の暗いクローゼットにいても、山の洞窟にいても、海底2マイルの潜水艦の中で祈っていても、神はあなたと共にいま

す。神はあなたのすべての祈りを聞き、どこにいてもあなたを見ています。

2.）　神は「<u>全知</u>」- 聖書には、神は鳥が枝から落ちることさえ知っていると書かれています。その言葉を多くの木がある広大な世界として考えてみてください。神は世界の創造の前から私たちを知っています。神は私たちの過去、現在、未来を知っています。神は私たちの心や考えを知っています。（それは怖いですね）神は私たちについて、私たちが祈る前の祈りさえも知っています。

3.）　神は「<u>全能</u>」- 神は言葉を発するだけで、太陽、月、星、地球、そして私たち人間を創造されました。神は私たちの祈りを聞くだけでなく、それに“行動”を起こしてくださいます！　私は何度かひどい事故に遭い、助けを求めて祈ったことがありますが、気がつくと誰かがどこからともなく現れて、ちょうど間に合うように助けてくれました。

　神が祈りに答えてくださったとき、感謝することを忘れないでください！　神と共にあるなら、すべてのことが可能です！　私たちは、神が災害から私たちを救ってくださったすべての時を知ることはできません。

　誤解しないでください、私は毎日自分の罪を悔い改めています。人間は基本的に悪です。私は予備役海軍に29年間、海兵隊に2年間勤務しました。

　私は道の途中で悪い言葉を覚えることがあります；時には、言葉が考えずに口から出てしまいます。時には、悪い人がニュースで死んでほしいと思うこともあります。こういうことのために、毎晩私は許しを祈ります。

　私たちの人生の目的は、自分の罪を悔い改め、“イエス”を心に迎えることです。人々がこれを生命保険のように使っている時も、彼は知っています。彼が利用されているかも知っているのです。

　その瞬間、その人が真剣であれば、彼または彼女の名前は天国の「子羊の書」に記入されます。これは天国の「新しいエルサレム」の登録帳です。私たちは彼の聖霊を受け入れます。神に感謝します！

　私は祈りと礼拝を同じものだと考えています。また、私たちが救われたとき、永遠にイエスの手の中に封印されると信じています。彼の霊は私たちが弱いときに助けてくれます。私たちが罪を犯すと、聖霊が私たちの内でうめき声を上げることに気づいていますか？ 聖霊は常に私たちのことをイエスに語っています。私たちが「再生クリスチャン」になった後に、祈りが聞かれ答えられることを学びました。父が「イエスを部屋にいると思うたび、すべてうまくいくだろう」と言った日のことを覚えています。これは言わない方がいいかもしれませんが、言います。高校2年生のとき、大切に思っていた女の子とデートをしてドライブインに連れて行きました。少年は少年らしく、どこまでできるか試してみたくなり、彼女は私に「今、神様が見ているとしたらどうする？」と言いました。それは私の育ちの良心に響きました。恥ずかしくなり謝り、その後も3年間交際を続けました。彼女をとても尊敬していました。高校の後、両親が引っ越し、私はその後2年間大学に通い、その後現役で勤務しました。

　すべてのことには理由があります。大学を卒業した後、私は人生の愛である妻のパットに出会いました。

　今、私は美しい娘、二人の孫息子、三人の孫娘、そして七人のひ孫がいます。私は本当に恵まれています！ 後悔はありません！

　　1971年の初めに結婚した後、ハル・リンゼイの『遅れてやってくる偉大な地球』という本を購入しました。この本は聖書の予言を理解する上で私の人生を変えました。今日私たちが目撃していることと照らし合わせると、私たちは七年の大患難の影の中に生きています。私は、今日私たちが目にしているように、『すべて』の兆候が同時に起こるのをこれまで見たことがありません。イスラエルに目を向けてください。ここが聖書の予言のコンパスです。私は、エゼキエル38章や詩篇2篇の出来事がいつでも起こり得るのを見ています：暗闇と悪、戦争と戦争の報せ、奇妙な天候、モンスーンの雨、洪水、火災、干ばつ、オクラホマやミズーリのような場所での地震、獣の技術、AI技術、現金のない社会、クリスラム（キリスト教＋イスラム教）のような世界宗教、聖書ではこれらのことを出産の痛みとして語っています。その痛みはますます近づき、赤ん坊を産む女性のように痛みが募っています。

　　私たちは、イエスがすべての聖徒（それは私の両親、妻、娘です）とともに降臨し、地上のすべての「<u>再生したキリスト教徒</u>」を呼び上げ、私たち全員がイスラエルの上でイエスに会うときの教会の携挙を待ち望んでいます。イエスは2,000年前に新しいエルサレムに昇天しました。彼は瞬きするうちに私たちに「<u>新しい栄光の体</u>」を与えます。私たちは新しいエルサレムにいるでしょう！

　　あなたは、7年間の大患難の期間中にこの地上に住みたいとは思わないでしょう。聖書は、過去6,000年間で人類の歴史の中で最悪の時期になると伝えています。『ヨハネの黙示録』では、世界の人口の4分の1が大患難の最初の部分で殺されると書かれています。現在、人口は80億人です。つまり、20億人が破壊されることになります。

　それから、聖書は人口の三分の一が殺されると私たちに教えています。そして、苦難の最後の部分でさらに四分の一が殺されるでしょう。

　これは教会の携挙の後に取り残された罪深い人々に対する神の怒りです。多くの人々が携挙を「大脱出」と呼んでいるのは知っています。私はその呼び方は好きではありませんが、そうなるでしょう。

　大患難の時、人々は救いを求めてイエス・キリストに頼るようになります。そのとき、自分の罪を悔い改め、イエスを心に迎え入れた人々は、反キリストによってギロチンで命を落とすかもしれません。その日は、ギロチンで死ぬか生きるかの選択が容易ではないかもしれません。今日生きている人々の中には、イエス・キリストを主と救い主として受け入れていない人々もいます。こうした人々は『ああ、心配しないで、私は決して獣の刻印を受けない』と言います。カルバリーチャペルのチャック・スミス牧師は、『もしあなたが今イエスのために生きないなら、患難の時にイエスのために死ぬことができるとどうして思えるのか』と教えています。もしあなたが今まだ"新生キリスト者"でないのなら、今イエスを主と救い主として受け入れることは賢明ではないでしょうか。

　次のことを覚えておいてください：聖書では、「体を離れる」という表現がコリント人への第二の手紙5章6〜8節に現れます。使徒パウロは次のように書いています。「私たちは自信を持って言います。むしろ体を離れて主とともにいることを望みます」（この表現は肉体的な死を指しており、一部の人はパウロが死がキリスト者の人生の終わりではないと確信していることを表していると言います。むしろ、彼は信者は死んだ直後に主の臨在に入ると信じており、これが彼らをより完全で高次の生命の領域へ導くと考えています）。

　　大患難の期間中の生活は、ソドムとゴモラに住んでいるようなものになるでしょう。雹の嵐はボウリングの球よりも重く降り注ぎます。地獄が開かれ、悪霊たちは巣からスズメバチのように残された人々に向かって押し寄せます。

　　食べ物、水、携帯電話、医療援助、警察は一切なく、このリストは終わることがありません！　あなたができるのは、悔い改め、イエスを心に迎え入れ、他の人々も同じようにする手助けをすることだけです！

　　そしてイエスに信頼し、恐れずにいてください。多くの人がこの時期を乗り越えるでしょう。

　　「大患難の聖徒」という言葉を聞くと、教会の携挙の後に取り残された人々のことを指します。聖書は、天の新しいエルサレムで教会を代表する「長老たち」が、「白い衣を着たこれらの者たちは誰で、どこから来たのか」と尋ねたことを語っています。これらは大患難の時期をくぐり抜けてきた人々です。彼らはイエス・キリストへの信仰のために殉教しました。

　　もしあなたがこの期間を乗り越えることができれば、イエスが「万王の王、万主の主」となられる千年期に生きることが許され、地球は新しいエデンの園へと戻るでしょう。

　　聖書は人間に対して7,000年の期間を設定しています。聖書の系図によれば、アダムは紀元前4004/3年に創造されました。イエスは紀元前5/4年10月3日に生まれました（4,000年）。イエスは過越の祭りの日、紀元30年4月6/7日に亡くなりました。これに2,000年を加えると、紀元2030年になります。私たちは「教会時代」と呼ばれる時代に生きています。最後の7年間が始まろうとしています。これが「7年間の大患難時代」と呼ばれます。私たちは携挙に非常に近づいています。最後の千年は「千年王国」と呼ばれます。これらの出来事は全て7,000年間を占めます。これは小学5年生の数学です。

　私の妻は2024年5月27日のメモリアルデーに膵臓がんで亡くなりました。私は彼女が亡くなる直前に、すぐにまた会えると伝えました。

　良い知らせは、イエスが「再生したクリスチャン」のためにご自身の再臨の兆候を私たちに教えてくださったことです。私は大患難前の携挙を信じています。

　この本があなたに祝福をもたらしたことを祈ります。この本を大切にし、他の人に渡し続けてほしいと思います。誰が受け取るかわかりませんが、その人がイエスを救い主として受け入れるかもしれません。あなたは天国で行われる私たちの表彰式で、イエスから冠を受け取るでしょう。この冠は「喜びの冠」と呼ばれています。これはイエスの大宣教命令（マタイ28:19〜20）に従った信者のための魂勝利者の冠です。

　「私たちの望みや喜びは何でしょうか。それは私たちの主イエス・キリストが来られるとき、あなたではないでしょうか。」（テサロニケ人への手紙一 2:19）

　「知恵のある者は天の光のように輝き、多くの人を義に導く者は星のように永遠に輝く。」（ダニエル書 12:3）

　私は本を読み返して、いくつかの脱線をしていたことに気づきましたが、通常は書く理由に戻ることができました。過去を思い出して書いていることをどうかお許しください。先週何をしたかは忘れましたが、何年も前のことは覚えていました。

　多くの人々は「新しいエルサレム」を天国と呼びます。それは天国ではありませんが、天国で建てられました。これは天使たちが創造された星の上にある第三の天にあることだけがわかっています。新しいエルサレムを天国の「前庭」と呼ぶこともできるでしょう。新しいエルサレムを作るために使用されたすべてのものは、おそらくこの地から来たのでしょう。それを高さ１５００マイル、幅１５００マイルに建てるには、非常に大きくなければなりませんでした。私たちは神の「楽園」をいくつかの場所で見ます：天国で、新しいエルサレムで、アダムとイブの時代の地上で、そして地下世界で、最初の四千年間、イエス・キリストの復活の時まで。イエスが地下世界の楽園を空にし、すべての聖徒たちをラプチャーして天国の新しいエルサレムに連れて行った時です。

　　　私たちが特別な時代に生きていることを理解していますか？ 今日、70億以上の人々が「スマートフォン」を持っています。これらの電話は、人々が世界中の出来事を、それが起こってから数時間以内に見ることを可能にします。だからこそ、聖書は2000年前に、世界がエルサレムの道で三日半倒れている二人のユダヤ人の証人を見、その後彼らが立ち上がり、目の前で見えなくなるまで空に引き上げられるのを見ると語っていたのです—ヨハネの黙示録11章。この予言は2000年前に書かれたものです。

　　　この本を完成させる過程で、私を励まし続けてくださった聖霊に感謝いたします。

　　　読んでくださる時間を取っていただき、ありがとうございます。この本があなたの人生に良い影響を与えることを祈っています。新しいエルサレムで天国でお会いできることを楽しみにしています。

　　　この本を読んだ多くの人々は、教会の携挙にあずかり、王の王、主の主として長い間待ち望まれていたイエスと共に地上に戻ることで、二重の祝福を受けることになるでしょう。すると、千年期間がエデンの園として知られる黄金時代として始まります。この期間こそが聖書の中で最も多く言及されているテーマだとする人もいます。私は、それが十年未満で訪れると信じています。

　さて、ここで主の祈りをもって終わりにしたいと思います。天におられる私たちの父よ、御名が崇められますように。御国が来ますように。（新しいエルサレムの王国と千年王国）御心が天で行われるように、地でも行われますように。私たちの日ごとの糧を今日もお与えください。そして、私たちの罪をお赦しください。私たちが他人を赦すように、私たちの負債をもお赦しください。私たちを試みにあわせず、悪からお救いください。国と権力と栄光は永遠にあなたに属します。アーメン。マラナタ、「主よ、来てください！」（携挙前）ドン・モスボー

第26章

トリノの聖骸布はイエスの物理的証拠です

イエスは「全知」であるため、聖なる布（聖骸布）によって、ご自身の死、埋葬、復活の姿を世界に残されました。また、聖書の中で、前後に何が起こるかについて霊感による言葉を私たちに残してくださいました。弁護士は聖骸布を証拠として最高裁判所に提出し、聖書に従ってイエス・キリストの死、埋葬、復活を証明することができます。イエス・キリストを十字架にかけると判決を下したのはローマ政府でした。これこそが、イエスが天の最高裁の王座から降りて地上の人間として100％のDNAを持つことを選ばれた理由です。

　　　キリスト教は、イエス・キリストの十字架上の死と復活の後まで、最初の四千年間は存在しなかったことを考えたことがありますか？ これがなければ、新約聖書は存在しなかったでしょう。イエスは紀元30年4月7日に亡くなりました。誰もが謎を好みます。科学とあなたの信仰を見てみましょう。

　イエスが十字架にかけられて正午から午後三時までの間、太陽は暗くなり、神である父は御子の罪から顔を背けなければなりませんでした。光が戻ると、イエスは『成就した』と言い、そして亡くなりました。彼らはイエスの脚を折ろうとしており、そうしていたなら窒息していたでしょう。イエスが亡くなった後、三日目に大きな地震が起き、墓を開き、ユダヤの神殿にある至聖所の天幕を上から下まで裂きました。その時、イエス・キリストは死から復活しました。聖骸布によれば、イエスの身長は5フィート10インチ（約178センチ）、体重は約150ポンド（約68キロ）です。

　　そしてヨセフはその遺体（イエス）を取り、清い亜麻布で包んで、自分が岩を掘って作った新しい墓に葬った。そして墓の入り口に大きな石を転がし、それから去って行った。－マタイによる福音書 27:59-60

　イエスはアリマタヤのヨセフのために用意された新しい墓に埋葬された。ヨセフは裕福で影響力のあるユダヤ人で、秘密裏にイエスの弟子であり、イエスの遺体を埋葬する許可をポンティウス・ピラトから求めた。彼とニコデモはイエスの遺体を亜麻布で包み、最近岩を掘って作った自分の墓に安置した。

　これは、1世紀のユダヤ人の埋葬習慣に一致するユダヤ人の詳細に正確であることを示している。

　私は誰かがヨセフに『なぜあなたは墓を手放したのですか？』と尋ねるのを想像します。ヨセフは『イエスはただそれを借りただけです』と答えました。

　聖骸布は、世界に見せるための携挙の絵です。

　聖骸布は、報告によれば、ユダヤ人とともにユダヤにあり、その後コンスタンティノープル、トルコ、そして1353年にはフランスにありました。後に1808年には、イタリアのトリノで火災により焼かれました。何世紀かの間に、カトリック教会と関連づけられることになりました。これらの場所が分かるのは、聖骸布に花粉が発見されたからです。

　イエスは、死、埋葬、そして復活の証として、最後の世代のためにトリノの聖骸布を残しました。神はこの聖骸布を守られ、現在はイタリアのトリノ、サン・ジョヴァンニ・バッティスタ大聖堂に所蔵されています。

　興味深いことに、1978年に、プロの医療写真家であるバリー・ショルツがこの布の写真を撮るよう依頼されました。彼はユダヤ人でした。彼はこの布を研究するのに18年を費やし、多くの科学者や法医学の専門家が加わり、科学的手法や技術を用いて証拠を調査しました。科学的研究は6,000時間以上行われたと推定されています。この遺物は、聖骸布としても知られ、イエス・キリストの前後の姿が薄く写ったリネンの布で、十字架にかけられた男性の淡い像が描かれています。これは科学的および宗教的に強い関心の対象であり、イエス・キリスト自身の埋葬用布であると多くの人々に信じられています。少数の人々がこの布を保持することで危険を冒しました、なぜなら多くの人々はこの情報が知られることを望まなかったからです。神はこの遺物をこの最後の世代まで秘密にされ、その意義を今日まで誰も理解できませんでした。これは芸術家の作品でないことが証明されました！

　彼らはイエスの頭を縦にして、長さ14フィート、幅3.5フィートの布の中央に置き、その後血まみれの顔の上に布をかけ、それを脇に置きました。そして、長い布を頭から足まで前面にかけました。14フィートの布を広げると、イエスの体の前面と背面を見ることができました。

　彼の体は死後硬直しており、頭は前に傾き、膝は曲がっていました。なぜなら力を失っていたからです。EMT

として、私は呼吸が止まってからおよそ2時間で死後硬直が始まることを知っています。

　　布には額、鼻、顎、膝、つま先に触れた部分にDNAが残っていた。残りの部分は布に触れず、3Dフォトネガの写真となりました。(CTスキャンのようなもの)イエスの遺体は、鞭打ちを受け、頭に棘のヘルメットをかぶり、十字架にかけられ、顎の一部が引き抜かれた拷問を受けた男のイメージを符号化していました。彼はあざと腫れた頬があり、体中に120の傷跡があった。槍が彼の胸を貫き、法医学で血と水が判明した。イエスはトマスに手の傷跡を見せました。ロープで腕を十字架に縛り付けていた。ヨハネによる福音書20章25節。また、両足首を45度の角度でクロスに釘付けにした可能性もあります。

　　この覆い布は、イエスの時代の高価な埋葬布の特徴を持つリネンの綾織りです。その糸は、1世紀のパレスチナでは珍しいものの全く見られないわけではない3対1の上下交互のヘリンボーン模様で織られています。現在、最先端の科学的手法によってこの謎めいた遺物に新たな光が当てられ、2000年前のものであることが示唆されています。ミトコンドリアDNAは、その地理的位置がイスラエル周辺であることを示しました。

　　この覆い布には圧倒的な証拠があり、布は紀元1世紀に属するとされています。したがって、多くの証拠が、この布がエルサレムの1世紀のものであることを強く示唆しています。エルサレムのヘブライ大学のイスラエルの植物学者アヴィノアム・ダニン博士は、エルサレム周辺の植物由来の28種類の花粉を確認しました。本報告では、この覆い布から発見された他の場所の花粉についても言及します。

　　「現時点で私たちが結論づけられるのは、聖骸布の画像はむち打たれ、十字架にかけられた実在の人間の姿であるということです。血の染みはヘモグロビンで構成されており、血清アルブミンの検査で陽性を示します。」検査の結果、聖骸布には絵が描かれておらず、リネン上の血はAB型の男性のものであることがわかっています。興味深いことに、この血液型は珍しく、人口の3%未満しか持たない中東地域で最も一般的に見られます。

　さらに、この血液はクレアチニンとフェリチンのレベルが高く、重度かつ複数の外傷の証拠を示しています。血液は問題を引き起こしましたが、それはほとんどが速やかに暗くなったにもかかわらず、赤いままだったためです。

　著名な血液の専門家が証拠を調べたところ、ビリルビンのレベルが上昇していることがわかりました。彼は、これは人が打たれ、何時間も拷問を受け、死亡する時に見られるものだと述べました。以前の研究でも、血痕中にはヘモグロビン、アルブミン、免疫グロブリンなどの血液タンパク質が確認されています。

　別の研究でも、血痕には微量の**ビリルビン**、アルブミン、免疫グロブリンが含まれていることが示されており、複雑な成分を示しています。これは、福音書がナザレのイエスの死について伝えるすべてのことと一致しています。キリストの十字架刑がこれらの結果をもたらしたのです。

　イエスは彼の体の内側から非常に強い放射線の爆発とともに生き返り、そのためネガフィルムの写真では彼の歯まで見えるほどでした。このイエスの画像を作り出すには、3万4000兆ワットのエネルギーが必要だと考えられています。また、それは一瞬にして起こらなければならず、そうでなければ体を破壊してしまうでしょう。

　私は2017年の『イエスの遺伝子：　DNAの探求』というビデオをおすすめします。この中で、信仰者と科学者が

チームを組んでイエスのDNAを探します。彼らはイエス
が歴史上最も重要な人物であると信じています。彼らはイ
エスの子孫を探しています。ジョージ・バスビーはオック
スフォード大学出身で、遺伝子とDNAの生成を研究して
います。ナレーターのジョー・バジルは聖書学者で牧師で
あり、新約聖書の原語であるコイネーギリシャ語の専門家
です。彼らは科学と信仰が一緒に働くことができることを
示しています。興味深いことに、すべての生物にはDNA
があります。なんという神に私たちは仕えているのでしょ
う！

　　　彼らは洗礼者ヨハネ、ダビデ、イエス、そして現代
の子孫に至る家系を研究しました。彼らは何千人もの人々
が十字架にかけられていることを発見しました。彼らはあ
まりにも悪質で、服を脱いで十字架に吊るし、恥をかか
せ、屈辱を与えました。そしてかかとに45度の角度で釘(
スパイク)を打ち込んでいました。これらの釘のサンプル
は今でも残っています。彼らは皆錆びているのでDNAは
採取できません。

　　　彼らはトリノの墓布と、イエスが十字架から下ろさ
れたときに顔を覆っていた布を研究しました。イエスの頭
は出血がひどかった可能性があるためです。この布は「ス
ダリウム」と呼ばれています。また、ヴェロニカとしても
知られています。イエスが墓布で覆われたとき、この布は
頭に置かれていました。バスビー氏とバシル氏は、スダ
リウムと墓布の顔が完全に一致していることを発見しまし
た。彼らは血液からDNAを見つけ、その血統がナザレ周
辺から特定の遺伝的な民族グループである「ドルーズ」に
つながることを発見しました。彼らは、唯一の真の神と輪
廻を信じるユダヤ人の夫婦を見つけました。彼らはDNA
を採取し、それがイエスの子孫と同じDNAを共有してい
ることを示しました。（彼らはマリアの子孫から来ていま

す。）イエスはユダヤ人として生まれ、地上の両親も同じでした。この人物がイエス・キリストと呼ばれたことを否定することはできません。

　ヒトの細胞は通常46本の染色体を持っています。これらは23対の相同染色体です。各染色体の対において、1本は母親由来であり、もう1本は父親由来です。したがって、23本の染色体は母親から、23本は父親から受け継がれます。23本のセットの中で、22本の染色体は常染色体であり、1本は性を決定する染色体です。性を決定するものはX染色体とY染色体です。女性はXXであるため、子に与えるのはX染色体のみです。一方、男性はXYであるため、X染色体またはY染色体のどちらかを与えることができます。X染色体を与えると子は女性になり、Y染色体を与えると子は男性になります。この血液における興味深い発見は、46本の染色体の代わりに24本しかなかったことです。そこには22本の常染色体、1本のX染色体、1本のY染色体がありました。この証拠は、この血液の持ち主は母親はいたものの、人間の父親はいなかったことを示唆しています。なぜなら、父親由来の染色体の平均的な寄与が欠けているからです。ヨハネの第一の手紙5章8節、9節：「そして、地上で証しする三つのものがある。霊、水、血であり、これら三つは一つに一致している。もし私たちが人の証しを受け入れるなら、神の証しはそれよりも大きい。これは、神がその御子について証しされたものである。」

　ここはサタンの遊び場だった。彼は常にイエスと呼ばれる人とその弟子たちを狙っていた。世界中の血みどろの戦争の背後にはサタンがいるのを見つけることができる。彼はカインに兄アベルを殺すよう唆して以来、血に対する嗜好を持っていた。サタンの手口を知っていれば、それは激しい憎しみと血まみれの光景だったと推測できる。

　聖書は、大祭司たちがイエスを死に追いやらなければならないと確信した理由を、イエスがラザロをよみがえらせたことに求めている。この奇跡は多くの人々にイエスを信じさせることになり、サンヘドリンは民衆をコントロールできなくなり、ピラトとの協力関係も修復不可能なほど損なわれることになった。このタイムラインはわずか二週間しかあり得なかっただろう。

　これらの発見は知られている一方で、トリノの聖骸布についてあまり知られていないことは、最近の研究で聖骸布の男性の目の上に硬貨が置かれていたことが示されたという点です。研究者のロバート・バックリン博士とアラン・ワンガー教授は、聖骸布の男性の目の角に丸い硬貨のような物体が置かれていることを指摘しています。左目の硬貨は見えており、聖骸布の画像を拡大すると、その硬貨の一つはポンティウス・ピラトのレプトンとして知られていることがわかります。これはまぶたを閉じたままにするものです。

　これらの硬貨は非常に小さく、ほぼ2000年前のものです。イエスの左目に見られる硬貨は、紀元30年にポンティウス・ピラトによってエルサレムで鋳造されたものです。

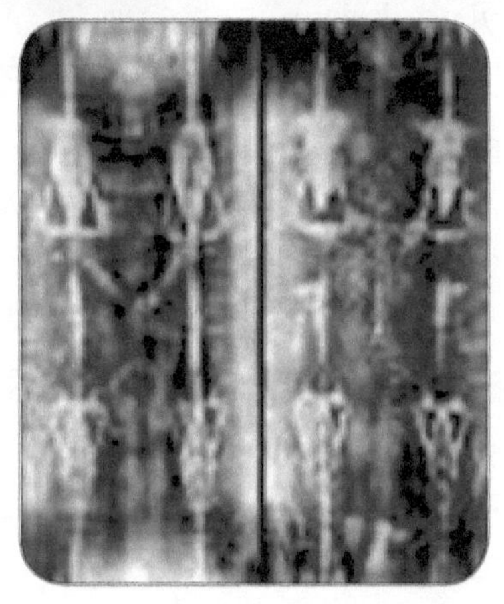

　聖書の言葉「血を流さなければ罪の赦しはない」（ヘブライ人への手紙 9:22）はヘブライ人への手紙にあり、重要な概念を強調しています。それは、罪の赦しと贖いは、旧約の契約の下でも、最終的にはイエス・キリストの犠牲による血の流出と結びついているということです。この布は聖書の御言葉を反映しています。これらすべてを考慮すれば、イエスが十字架を運べなかったのも当然のことです。なぜなら、彼は血を失っていたからです。

　エペソ人への手紙 1:18-21 NIV ¹⁸私は、あなたがたの心の目が照らされて、神があなたを呼ばれた希望、聖なる者たちの中にある彼の栄光の相続の豊かさ、[19] そして私たち信じる者のために計り知れないほど大きな力を知ることができるように祈ります。その力は、キリストを死者の中からよみがえらせ、[20]天においてその右の座に座らせたときに示された力と同じです。そして、すべての支配、権威、力、[21]権能、あらゆる名において、現在の世だけでなく来るべき世においても、はるかに高く座しています。

　私たちは、信仰と科学が真理のために共に働くことができることを発見しました！

　フランスのイエズス会司祭であり技術者でもあるポール・デ・ゲイルによれば、この画像がイエス以外の人物である確率は天文学的であり、2250億分の1です。これは、聖骸布に写っている男性が、ナザレのイエスとして知られる歴史上の人物であり、彼の生涯、死、復活を通じてキリスト教信仰が立ち上げられ、築かれた人物であると結論づけることが不合理ではないことを意味します。

　この報告を読めば、無神論者でさえ恐怖を覚えるはずです。

　私は、サタンが私たちを殺すために血を欲しがっている一方で、イエスは私たちを救うために罪のない血を与えられたということを興味深く思います。命は血にあります！イエスの中にあった血こそが、私たちの命を永遠に救ったのです！私たちがする必要があるのは、自分の罪を悔い改め、イエスを心に迎え入れ、残りの人生を毎日イエスに従って生きることだけです。それが私たちの「自由意志」の選択です。もし今日あなたの命が終わるとしたら、天使たちはどちらの方向にあなたを連れて行くでしょうか？天国へか地獄へかのどちらかしかありません。イエスはあなたの魂のために死なれました！それはあなたやあなたの愛する人々にとって意味がありますか？

第27章

エルサレムは立ち上がり、イスラエルは広がる

「百聞は一見に如かず」ということわざは、単一の画像が、長々とした説明よりも複雑なアイデアや物語を効果的に伝えることができるという意味です。それは、言葉だけでは表現しにくい感情や細部を捉えるからです。添付された写真を見ると、少し口があんぐりとするほどでしたが、考えさせられます。これらは神がエルサレムに対して行うことの一例かもしれません。私が本を書いている間、この考えが頭に浮かびましたが、正しく表現できませんでした。どうかこれらの山の写真を見てください。このようなことは地震によって起こります。イエスはエルサレムを世界への灯台として高めるつもりです。そこは世界で最も神聖な場所です！

　エルサレムの街は現在、海抜約2,500フィートの高さに位置しています。また、シオンの丘とも呼ばれています。エルサレムは聖書の中で「神の都」「喜びの都」「ダビデの都」と言及されています。エルサレムに登ることは、単なる地理的な位置への旅ではありません。エルサレムは神の神殿があった場所です。「誰が主の丘に登ること

ができるか？」詩篇34章3-5節では、主の神殿の聖なる丘に近づくための条件が示されています。聖書において、「エルサレムに登る」ということは、文字通り町の高地への上昇と、ユダヤ教の礼拝と神殿の中心への霊的な旅を意味し、イエスの究極の犠牲を予示しています。

エルサレムは山岳地帯に位置しており、しばしば7つの丘の上または周囲に建てられていると描写されます。これにはスコパス山、オリーブ山、コルプション山、オフェル山、元のシオン山/モリヤ山、新しいシオン山、そしてローマのアントニア要塞が建てられた丘が含まれます。私はここを訪れました。そこでは石が高さ30メートルの丘に積まれていました。

7年間の大患難の期間の終わりに、イエスは再臨の際に地上に降り、オリーブ山に立たれ、大きな地震を引き起こします。ゼカリヤ書14:4。東の死海と西の地中海の間に谷が裂けるでしょう。これにより、フェリーボートが通れるほど深く広い川ができると私は信じています。私はエルサレムの川の南側に、ボートを停泊させ、人や車を乗り降りさせるのに十分な大きさの桟橋を思い浮かべることができます。私はこの川を「命の川」または「エルサレム川」と呼びたくなりました。イエスがヨルダン川をさらに深く広くし、フェリーボートがガリラヤ湖まで行けるようにするかもしれないと私は思います。詩篇46:4「川があり、その流れは神の都、至高者の幕屋の聖なる場所を喜ばせる。」これを、千年王国の期間中の住みかの祭りの間に、海からエルサレムに行く別の道を開く川として考えてください。彼はまた丘の周りに広い道路を作るかもしれません。なぜなら、世界中からの代表者たちが千年王国の間に集まり、何百万人もの人々を代表し、仮庵の祭りのためにエルサレムへの巡礼を行うからです。写真に示されているように、面積49平方マイルのエルサレムの都市は周囲の山々よりも高くなるように高められるでしょう。地下水道や泉、ギホンの泉やエルサレムの下のヒゼキヤのトンネルなどは、歴史的にこの都市の水供給にとって極めて重要でした。［ヨハネの黙示録22:1］では、「その玉座の下から命の水の川が流れ出る」という表現は、神と子羊の玉座から流れる命の水の川を象徴的に描写しており、永遠の命と神の支えの力を意味します。これにより、新しい川に注ぐ大きな滝が生まれ、死海に新鮮な水を補給することになります。

　　　エルサレムの南、ゲバからリムモンまでの全ての土地は平地にされるが、エルサレムは高くされ、その場所にとどまる。ゼカリヤ書14章10節

　　　私はこの秋を「命の滝」と呼ぶことにインスピレーションを受けました。この滝はヨセミテ国立公園の写真です。美しい光景のように見えるかもしれません。神の力を忘れないでください。ここはイエスの故郷であり、彼はここを祝福しようとしています！

　　　興味があるかもしれない情報をいくつか紹介します。死海はガリラヤ湖よりもはるかに大きいです。海抜695フィート下に位置し、幅は5マイル、長さは13マイルです。最も深い地点では1000フィートを超える深さがあり、ガリラヤ湖の最も深い地点はわずか150フィートです。

　　　ガリラヤ湖の表面積は64.4平方マイルであるのに対し、死海の表面積は234平方マイルです。これは、死海がガリラヤ湖の3.6倍以上大きいことを意味します。この水域はおよそ幅8マイル、長さ12マイルです。

　　　聖書を読み、ハル・リンジーの話を聞くと、ユダヤの神殿は東の門の西側にある必要があることが分かります。これはイエスが入る門です。過去2000年間、閉じられていました。ミシュナを含む古代の文書によると、東の門は神殿へ直接通じていたとされています。

　西に向かって直線を引くと、タブレットと霊のドームの中心をまっすぐ通ります。契約の箱はここに置かれていた可能性があります。これはモリヤの山の基盤の一部です。

　ここは至聖所があった場所かもしれません。この情報が正確であれば、世界で最も神聖な中心の場所です。

　私はイエスがその土地にもう一つの神殿を建てると信じています。ユダヤの人々はそれを知らなかった可能性がありますが、彼らは大患難の神殿を反キリストのために建て、それはエルサレムの南部地域など別の場所に建てられるでしょう。新しい神殿はイエスを称えるために建てられます。ここでダビデ王がイエスの副大統領となり、イエスの王座を共有するかもしれません。

　これもまた、イエスが地上の万王の王、万主の主として千年間統治する時です。

　聖書によると、地震は教会時代の終わりの重要な兆候として見られるのが興味深いです。聖書はこれを女性の出産の陣痛にたとえており、それは次第に激しくなり、間隔が短くなるとされています。

　言い換えれば、地震はより頻繁に発生し、規模も大きくなるでしょう。誕生は、旧約聖書と新約聖書の両方で、時代の終わりを表す最も頻繁に使われる比喩です。はい、エルサレムは活発なプレートのある地域、特にアラビアプレートとアフリカプレートの境界を示す死海の近くに位置しており、地震の影響を受けやすいです。地震は、構造プレートの動きによって引き起こされる地殻内の断層に沿った突然の動きとエネルギーの放出により発生します。これにより、エルサレムの山が隆起し、周囲の6つの丘は崩れ、場合によっては平らになる可能性があります。

　過去12か月間に、マグニチュード7.0以上の地震が1,218回発生しました。その数は毎年増え続けています。今週だけでも、9,371回の弱い地震が発生しました。最も強い地震は1960年5月22日に発生しました：チリ南部でマグニチュード9.5の地震が起きました。エルサレムでの地震はこれよりもはるかに大きくなるでしょう！

　　アモスは、紀元8世紀にエルサレムを襲った地震について言及しています。数百年後、ゼカリヤも同じ出来事に触れています。また、聖書には約2,800年前にエルサレムで起こったとされる地震の記録があります。エルサレムでの最後の地震は1837年と1927年に発生しました。もう一つの大地震は、7年の大患難期の終わりに予想されています。ヨハネの黙示録16章18節　－　「人が地上に住むようになって以来、かつてなかったような大きな地震」、非常に強力な地震です。これは写真で見るもののようなものかもしれません。

　　エルサレムに関する素晴らしい事実があります：神は聖書全体で参照されている神聖な数字「7」を愛しています。これは完全性を意味します。

　　エルサレム、神の街は神の土地とされ、面積は49平方マイル（7マイル×7マイル）です。さらに興味深いことに、エルサレムは七つの丘に囲まれています。神は素晴らしいです！

　　創世記　15:18　主はアブラハムと契約を結び、言われた。「あなたの子孫にこの地（イスラエル）を与える。エジプトの川（ナイル川）から大河ユーフラテスまで。」アブラハムが歩んだすべての場所は、地中海の西の海から東のエジプト、サウジアラビア北部、イラク西部、シリアのほとんど、ヨルダン、レバノンに至るまでユダヤ人のものです。これは最終的には千年王国の期間に実現します。本報告は、起こり得ることの例を示すことを目的としています。これは神の町であり、そのすべての土地は神のものです。神はすべての創造者であり設計者であるので、次の千年間、間違いなく美しい光景にされるでしょう。イスラエルはより広くなり、エルサレムはより高くなるでしょう！

　過去6,000年間、神は創造することを愛してこられました。特にご自身の聖なる都市エルサレムの周りでそうされます。次に千年、すなわちミレニアル時代がどのように始まるかを見てみましょう。この時代、世界は次のエデンの園と呼ばれるでしょう。

　聖書は「新しいエルサレム」と呼ばれる天の別の王国について語っています。神はこの王国を、山から人の手によらず切り出された石のイメージを用いて、地上のどの王国よりも強力に築かれ、他のすべての王国を打ち砕き、永遠に立ち続けるものとして確立されました。この「石」は神の王国を表し、しばしばイエスとその統治に結び付けられます。ダニエル書 2:44、7:27。

結論

数字の3は神にとって本質的です。私たちは聖書全体でこれを読みます。神は父、子（後にイエスと呼ばれる）、そして聖霊―三位一体です。彼らは「三位一体」として知られています。彼らは創造の初めから第三の天に住んでいます。神は天の新しいエルサレムを建てるために必要なすべてを創造しました。私はそれがピラミッドのような三角形の形をしていると信じています。ヨハネは山が地上に降りてくるのを見ました。天はまた、神が創造した天使たちが今も住んでいる場所でもあります。

　　神は天国に移動可能な第二の家を建てました。それは高さ1500マイル、底辺の幅1500マイルで、その壁は72ヤードの厚さです。天国の特徴的な点は、壁（石）が透明であることです。神はこの場所を「新しいエルサレム」と呼びます。また、ヨハネの黙示録21章では、内部の通りさえ透明な金でできていると言われています。天国では、神はこの楽園への門として機能する12の巨大な**真珠**を作られました。私は、神が「キャップストーン」として機能する巨大な透明**ダイヤモンド**を作った可能性もあると考えています。神の光が12種類の異なる色の石と頂上のダイヤモンドを通して輝くと、灯台の光のように明るく輝くでしょう。これは神が虹を作られたことを思い起こさせます。神は色を愛しています！ 地球から見ると壮観でしょう。ここでは、月の大きさほどかもしれません。

　神がそれを打ち下ろす前に、私は、あなたがこの本で読んだように、多くの理由でそれを取り囲む透明な球体を神が作ると信じています。

　神は「全知全能で、どこにでもいる」存在であるため、私は、罪を悔い改め、神を自分の心に迎え入れた人間のためにそれを創造したと信じています。イエスの時代以来、彼らは「新たに生まれたキリスト教徒」と呼ばれてきました。皆さんにそこで会えることを願っています。イエスはもうすぐ来られます！　これは教会の携挙と呼ばれます。

第一付録

ガリラヤ湖の水中で発見された階段ピラミッド

私はちょうど本の編集を終え、天にある新しいエルサレムと一致する記事を見つけました。これは偶然ではありません。

　この神秘的な階段ピラミッドは、2013年にNBCで初めて言及されました。これは、紀元前2350年頃に起こったノアの洪水の前に乾燥した土地に建てられたと考えられています。したがって、その年代は不明のままです。このピラミッドは、イスラエルのガリラヤ湖の下に位置するティベリアス近くで発見されました。

　ガリラヤ湖は、聖書によればティベリアス湖、ゲネセラ湖、キネレト湖とも呼ばれています。湖の形がハープのようであることから、名前「キネレト」はヘブライ語でハープを意味する「キンノール」に由来するという点が興味深いと思います。

　このピラミッドは直径230フィート、高さ33フィートで、約6万トンの重さがあると推定されています。私は自著の中で、世界中のこれらの階段ピラミッドを建てた可能性のある人物について言及しました。

私たちの来たる
王の第二付録

（S.D. ロックリッジ牧
師に触発されて）

彼はユダヤ人の王（民族の王）、イスラエルの王（国家の王）、すべての時代の王、天の王、栄光の王、王の中の王、そして主の中の主です。あなたは彼を知っていますか？ 本当に知っていますか？

　彼はモーセの前の預言者であり、メルキゼデクの後の祭司であり、ヨシュアのような戦士であり、イサクの代わりの捧げ物であり、ダビデの家系からの王であり、ソロモンを超えた賢明な助言者であり、ヨセフのように愛され、拒まれ、そして高められた子でもあります。そしてそれだけでなく、さらにはるかに…

　天は彼の栄光を宣言し、天体は彼の業を示しています。存在している者、かつて存在した者、そして常に存在する者。初めであり終わりである者。アルファでありオメガ、アレフでありタウ、AでありZである者。眠った者たちの初穂です。彼は「私はある、私は在る」であり、燃える茨の中の声なのです！

　彼こそ主の軍の隊長であり、エリコを征服した者です。彼は永遠に力強く、完全に誠実で、永遠に忠実です。彼は不滅の優雅さを持ち、帝国のように強大で、公平に慈悲深いです。

　彼には神性の充満が肉体的に宿っており、真の神が真の神として存在します。彼は私たちの身内による救い主であり、血の復讐者であり、避難所であり、務めを果たす大祭司です。私たちの預言者であり、私たちの統治する王です。

　彼こそ文学における最も崇高な概念であり、哲学における最も高い人格であり、神学における基本的な教義であり、『高次批評』における最高の問題であり、時代の奇跡であり、すべての善の極致です。

　私たちは、2,000年前にユダヤで建てられた木の十字架に血で書かれたラブレターの恩恵を受ける者です。彼は木の十字架にかけられました。しかし、十字架が立っていた丘を造られたのも彼です。造られたすべてのものは彼によって造られ、彼なしには造られたものは一つもありません。すべてのものは彼によって支えられています！　では、何が彼をその十字架に縛り付けていたのでしょうか？　それは釘ではありません！　(いつでも、彼は『もう出る』と言うことができました)　それはあなたと私への彼の愛でした。

彼は、私たちが神から生まれることができるよう、女性から生まれました。

彼は、私たちが引き上げられることができるよう、身を低くされました。

彼は、私たちが共に相続者になることができるよう、しもべとなりました。

彼は、私たちが彼の友となることができるよう、拒絶を受けられました。

彼は、私たちがすべてのものを自由に受け取ることができるよう、自分自身を否定されました。

彼は、私たちをあらゆる面で祝福するために、自分自身を捧げられました。

彼は、試され誘惑される者に備えておられます；彼は若者を祝福し；彼はらい病者を清め；彼は弱い者を守り；彼は捕らえられた者を解放し；彼は借金者を免除し；彼は罪人を赦します…

彼は柔和な者を解放する：彼は包囲された者を守る：彼は病める者を癒す：彼は弱い者に力を与える；彼は年長者を敬う；彼は勤勉な者に報いる；彼は不幸な者に仕える：彼は同情し、そして救う！

彼の職務は多岐にわたる；彼の統治は正しい；彼の約束は確かである。

彼の善は限りない；彼の光は比類ない；彼の恵みは十分である。

彼の愛は決して変わらない；彼の慈悲は永遠である；彼の言葉は十分である。

彼の軛は軽く、彼の荷は軽い！

彼は言葉では表せない。彼は理解できない。彼は抗し難い。彼は無敵だ！

　　天の天でも彼を収めることはできない。人は彼を説明できない。パリサイ人は彼に耐えられず（そして彼を止められないことを知った）。ピラトも彼に何の非も見いだせなかった。証人たちは彼に反対して意見が一致しなかった。ヘロデも彼を殺せなかった。死は彼に勝てなかった。墓も彼を収めることはできなかった！

　彼はいつも存在しており、これからも永遠に存在する。彼には前任者がおらず、後継者もない。あなたは彼を弾劾できないし、彼は辞任するつもりもない。彼の名はあらゆる名の上にある。イェシュアの名においては、すべての膝が屈し、すべての舌が「イエス・キリストは主である」と告白するだろう！　王国も、力も、栄光も…永遠に、永遠に…アーメン！

　最後にイエスについて一つの考えを付け加えたいと思います。

　74ページで、聖書の8つの預言だけを使った場合、それらが成就する確率はどれくらいだろうか、と述べました。

　もちろん、私たちの聖書には何千もの予言が含まれています。それでも、この研究はパサデナ・シティ・カレッジの数学および天文学科の学科長であり、キリスト教組織であるアメリカ科学協会の創設メンバーであるピーター・W・ストーナー博士によって行われました。彼は、それを行う可能性を10の17乗と見積もりました。彼はペンシルベニアの聖書神学セミナリーの新約聖書教授であるロバート・C・ニューマン博士に加わりました。ニューマン博士はまた、学際的聖書研究所のディレクターでもありました。二人は共に『科学は語る』という本を書き、イエスの誕生、生活、死に関する8つの重要な予言のいずれかを歴史上の誰かが成就する確率を計算しました。彼らの話は、テキサス州全土が銀貨2フィートで覆われていることを想像するというものでした。もし1枚の銀貨に「赤」とペイントして、数兆枚の中に置いたとしましょう。あなたは、例えばテキサスのジャスティンさんを選び、目隠しをして、その赤い銀貨1枚を拾わせるように頼むのです。その仕事は不可能でしょう。これを考えると、なぜ人々はまだイエスの言葉を信じないのでしょうか？

　　ストーナー博士とニューマン博士はすでに亡くなりましたが、彼らの仕事は決して消えません。

これが神がそれを新しいエルサレムと呼ぶ理由かもしれません

ず最初に、宇宙を創造し、すべての何十億もの星や惑星の名前を知っていて、それぞれに名前を呼ぶ神について話していることを思い出してほしいと思います。神はアダムとエバを創造するずっと前に地球を創造しました。私は、神が天で行ったように、地球上のすべてを創造したと信じています。しかし、天にある貴重な鉱石はより純粋で、透明にすることができます。新しいエルサレムの壁を構成する12種の鉱石には、ジャスパー、エメラルド、アメジストなどの貴重な石が含まれています。12の基礎となる鉱石のそれぞれは異なる色をしており、高さは約125マイルで、総高さは1,500マイルあります。そのピラミッドの基部は1,500マイルの幅です。　（正方形）

　　天にあるエルサレムが創造され建設された時、その年齢がどれくらいであったかを知る方法は私たちにはありません。それはおそらく何百万年も前に建てられたのです。城壁を建てるためのすべての透明な貴石は、星々の上にある天から来たものでした。ここは神の家であり、まるで私たちが地上に家を建てるのと同じように天にあります。ここで、神はまた自分の家の道用に透明な金を創造されました。なぜ道が必要なのか不思議に思いますが、近いうちにわかるでしょう。来てください、主イエスよ、私たちはあなたが私たちを家に連れて行ってくださるのを見上げながら待っています。

　『黙示録』は一般的に西暦96年頃に書かれたと信じられています。この日付は、本書自体の内部証拠や初期キリスト教の伝承の両方によって支持されています。ここで私たちは天にある「新しいエルサレム」についての情報を見つけます。そしておそらくここで、エルサレムの名前が「新しいエルサレム」に変えられた時です。それはイエスが愛した弟子ヨハネであり、ヨハネは『黙示録』21章で、内側も外側も含めて新しいエルサレムの詳細について見たことを語っています。　イエスは西暦30年に亡くなりました。イエスが父の家に昇天されたとき、これは重要な話題であったに違いありません。

　イエスの死と復活の後、イエスは天にある父の家（エルサレム）に昇天し、父の玉座の右に座っています。イエスは私たちのすべての罪を赦すために命を捧げました。もし私たちが自分の罪を悔い改め、イエス（聖霊）を心に迎えることを選ぶなら、私たちは救われます。神は全知であるため、私たちが言葉を単に生命保険として使っているかどうかを知るでしょう。

　私たちが心からそうするなら、その瞬間に私たちの名前は新しいエルサレムの「子羊の命の書」に書かれることになります。

　ここで考えてみてください：真珠の門に到着した時、あなたの名前は「命の書」と呼ばれるこの名簿に載っていなければなりません。

　さて、次に『名誉』という言葉を考えてみたいと思います。

　神は私たちをその子供たちと呼ぶことによって私たちを栄誉します。神は、私たちがその言葉を真剣に信仰を持って受け取るときに応えてくださることで、私たちを栄誉します。神は、私たちの祈りを聞き応えてくださることで、私たちを栄誉します。神は、天にある新しいエルサレムの邸宅を永遠に私たちに与えることで、私たちを栄誉します。現在、多くの邸宅は空いていますが、もうすぐイエスは私たちを携挙し、それらは占有されるようになります。おそらく、数百万の再生したクリスチャンが携挙で天に連れ上げられると信じられています。

　神なる父はその子イエスを栄誉します。イエスが聖書を書き、聖書の登場人物であるユダヤ人を栄誉したいと思ったため、エルサレムの名前さえも『新しいエルサレム』に変えられました。

　ユダヤ人が異邦人にキリスト教を広めたのです。私たちは再生したクリスチャンになった後にユダヤ人の血統に接ぎ木されました。（ユダヤ人）とイスラエルの地を祝福する者は祝福され、（ユダヤ人）やイスラエルの地を呪う者は呪われるのです。

　エルサレムは世界の首都です。ここは神にとって聖なる地です。ここでダビデ王とイエスは地上での千年王国の期間に統治します。

　ヨハネの黙示録　21:12〜　「そして大きく高い壁があり、12の門（真珠の門）があり、門には12人の天使が立っており、そこに記された名はイスラエルの子らの十二部族の名である。（ユダヤ人）また、城の壁には十二の基礎があり、それには小羊の十二使徒の名が記されていた。」再び言えば、各基礎の高さは125マイルである。

　ヨハネの黙示録では、24人のユダヤの長老は神の御座を囲む天の存在であり、礼拝と賛美に参加する。彼らの正確な身元は明確には記されていないが、旧約と新約の両方にわたる神に救われた民全体を代表する者として、あるいは神の計画において特定の役割を持つ天の議会として解釈されることが多い。

　これは、イスラエルの十二支族が旧約聖書を表し、イエスの十二使徒が新約聖書を表すと解釈することができるかもしれません。

　黙示録　4:4　「そして、御座の周りには二十四の座があり、その座には白い衣を着た二十四人の長老たちが座っており、彼らの頭には金の冠があった。」参考までに言うと、金の冠は五つしかありません。義の冠、不滅の冠、命の冠、栄光の冠、喜びの冠です。

　黙示録　4:10〜11　「二十四人の長老たちは御座に座している方の前にひれ伏し、永遠に生きる方を礼拝し、その冠を御座の前に投げて、『主よ（イエスよ）、あなたは栄光と誉れと力を受けるにふさわしい方です。あなたはすべてのものを創造され、その喜びのためにそれらは造られました』と言った。」

　私たちは新しいエルサレムでヘブライ語を話すかもしれません。ペンテコステとバベルの塔で何が起こったかを考えてみてください。そこでは、新しい言語が与えられました。

　ちなみに言えば、真珠の門を通るとき、トンネルを少なくとも72ヤード歩かなければなりません。これが壁の厚さです。壁は透明なので、神の光の栄光がそこを通して輝きます。新しいエルサレムには暗闇はありません。ヨハネの黙示録21:25「その門は昼なお閉ざされることはない。新しいエルサレムには暗闇がない。」

　新しいエルサレムのあちこちでユダヤ人の名前を見ることができます。これが、神がユダヤ人を称えてエルサレムを「新しいエルサレム」と改名した理由かもしれません。イエスが人となるずっと前から、彼は常にユダヤ人、エルサレムの街、そしてイスラエルの国を愛していました。

　この声明についてはどうでしょうか：イエスが昇天したとき、彼はアダムとエバの時代から十字架の上の盗賊までのすべての聖人たちを共に連れて行かれました。これが彼らの新しい家となりました。これはユダヤ人と、異邦人の再生したクリスチャンで構成されていました。神は初めて天の門を開かれました。

　あなたとあなたの愛する人たちの名前が「子羊の命の書」に登録されていることを確認してください。私たちは終末の時代に生きています。時間がなくなりつつあります。ドン・モスバウ

著者について

この本の一部を誰から受け取ったかは、神のみぞ知る。

長年聖書の教師として、私は常に天の新しいエルサレムについてできるだけ多く学び、それを家族や友人、聖書クラスで55年間にわたり伝えてきました。それは1970年代初頭、ハル・リンゼイの時代に始まりました。（『偉大であった地球』）今なお良い本です。この情報の一部を受け取った人々の名前を書き留めておけばよかったと思います。彼らの仕事が、彼らが届かなかった他の人々に伝えられていることを喜ぶべきです。それは忠実な何人かの人々から来たものです。彼らは天で神の授賞式で冠を受けるかもしれません。この情報を本にまとめるのは私の考えではありませんでした。最近、54年間連れ添った妻が亡くなった後に霊感を受けました（膵臓がん）。私は悲しみから気を紛らわせるために取り組むべきプロジェクトのために祈りました。祖母パットがどこに行ったのかと孫たちが私に尋ねたのも、このことがきっかけでした。

　聖霊は、私がこの本を書くために座るたびに私と共にいてくださいました。これまで考えたことのなかった多くのことが浮かびました。

　人々はこの本の中で、イエス・キリストにおける信仰、希望、そして知識を見つけるでしょう。また、この本の中で、人々は天にある新しいエルサレムへの狭い道も見つけるでしょう。

　この本の重要な言葉は、イエス・キリスト、処女降誕、死、完全な血のいけにえ、埋葬、復活、罪の悔い改め、聖霊（イエス）を心に迎え入れること、そして残りの息のある日々を彼のために生きることです。

「一緒に、私たちは見守っています! マラナタ」
ドン・モスボー